PNL

La guía definitiva para usar la programación neurolingüística para la negociación, el control mental, la manipulación, y las técnicas de la psicología oscura para aumentar su influencia social

Índice de contenido

Introducción

Este libro proporciona la guía definitiva para usar la programación neurolingüística para la persuasión, la negociación, el control mental y la manipulación, junto con técnicas de psicología oscura para aumentar su influencia social.

Se centra en los métodos y técnicas prácticas de la PNL para la persuasión, la negociación, el control mental y la manipulación, junto con consejos para ayudarle a comprender y evitar las tácticas de la psicología oscura. Proporciona técnicas sencillas y directas de la PNL para el autodesarrollo y la mejora de sus habilidades para tratar con las personas que le rodean, así como ayudas para crear un entorno positivo y significativo.

El libro lo lleva hacia la psicología de la PNL Oscura y sus tácticas. Usted puede estudiar estas tácticas y decidir por sí mismo cómo puede usarlas en su vida diaria para obtener una ventaja positiva de ellas.

El libro está dividido en tres partes:

Parte 1- Lo esencial de la PNL

Parte 2- La práctica de la PNL

Parte 3 - El lado oscuro de la PNL

Cada parte tiene su propio contenido estructurado de manera única y describe la amplia variedad y gama de técnicas que se utilizarán en situaciones específicas y para fines variados. Las técnicas pueden utilizarse para mejorar las habilidades comerciales, mejorar las habilidades interpersonales y descubrir la fórmula para vivir la vida a su manera mientras se logra un equilibrio con la ética, la moral y los principios que usted se ha fijado.

La PNL es un programa de comportamiento efectivo para la transformación personal y los propósitos relacionados con los negocios. El entrenamiento en PNL tiene como objetivo mejorar el comportamiento actual, así como los niveles de habilidad en la administración y liderazgo, coaching y tutoría, y mercadeo y ventas, mejorando su carisma a nivel personal y profesional y ayudándolo a sobresalir en la construcción del rapport y la persuasión.

Aunque las técnicas de PNL no han sido científicamente probadas, se ha demostrado a lo largo de los años que ayudan a sus usuarios a:

- Controlar su vida...
- Comunicar su mensaje con mayor precisión mediante la formación en el uso del lenguaje y la comunicación
- Apuntar a los resultados y objetivos que tengan el mayor impacto
- Formular estrategias sobre cómo lograr la meta y los objetivos
- Ganar la confianza para dirigir un negocio
- Mejorar y desarrollar los resultados comerciales
- Encontrar lo que los impulsa, decidir lo que más valoran, y centrarse en cómo lograrlo
- Proporcionar un sentido de dirección en la vida
- Formular las reglas del éxito
- Comprender el fracaso y utilizar las lecciones aprendidas para perfeccionar los criterios y volver a intentar los logros
- Encontrar formas de llevar una vida feliz y significativa
- Identificar y encontrar soluciones para los conflictos a nivel personal y profesional
- Superar los obstáculos en las relaciones personales y profesionales
- Encontrar maneras de ganar el valor para perseguir los sueños

- Establecer una mayor cantidad de objetivos y ganar tanto como se merecen
- Ofrecer programas de formación para el desarrollo profesional
- Elevar sus principios y creencias
- Construir una relación a nivel personal y profesional
- Desarrollar la capacidad de hablar en público y hacer presentaciones
- Encontrar maneras de cambiar el comportamiento moralmente inaceptable
- Crecer y desarrollar negocios
- Sobresalir en el coaching y la tutoría
- Formular programas de coaching como líder empresarial
- Persuadir a un equipo para trabajar por una causa socialmente beneficiosa

La última parte del libro se centra en el uso de la manipulación para obtener beneficios personales positivos y obtener una ventaja justa. Explica el uso de herramientas y técnicas de PNL para manipular a una masa de seguidores, para crear un impacto social o para convertirse en un líder efectivo. Describe el uso de la PNL para la atracción, sopesando los pros y los contras de la PNL oscura para asegurarse de que las herramientas y técnicas no controlan su mente.

Parte 1: Lo esencial de la PNL

Capítulo uno: ¿Qué es la programación neurolingüística?

Este capítulo es una introducción teórica a la programación neurolingüística. Le da una visión general de cómo se fundó, sus principios subyacentes, los beneficios clave, y los sistemas de modelado teórico, metaprogramas y ejemplos que usted puede encontrar útiles.

"Neuro" se refiere a la red neurológica, el entorno que perciben los sentidos, y el conocimiento sensorial que se convierte consciente e inconscientemente en nuestros procesos de pensamiento. A su vez, estos pensamientos pueden influir en nuestra fisiología, emociones y comportamiento.

"Lingüístico" se refiere a cómo se utiliza el lenguaje para dar sentido al mundo. El lenguaje juega un papel importante en la comprensión y percepción del mundo.

"Programación" se refiere al proceso de aprendizaje, los diversos métodos internos y modelos incorporados que usamos para aprender cosas y tomar decisiones.

Cómo se fundó la PNL

La programación neurolingüística (PNL) fue creada en la década de 1970 por los fundadores R. Bandler y J. Grinder de los Estados

Unidos y es un enfoque semicientífico de la interacción, el autodesarrollo y el asesoramiento. Los fundadores declararon que los procesos neurológicos (neuro), el lenguaje (lingüístico), y los patrones de comportamiento que han sido aprendidos de la experiencia (programación) están interconectados y pueden ser adaptados a propósitos específicos en la vida. Bandler y Grinder sugirieron que las técnicas de la PNL pueden "diseñar" las capacidades de las personas para que todos puedan mejorar sus habilidades.

La PNL puede tratar con problemas psicológicos como fobias, ansiedad, trastornos de tics, enfermedades mentales, problemas de visión, asma, resfriado común y problemas de aprendizaje. También se usa para tratar problemas emocionales y de comportamiento. Los oponentes de la PNL argumentan que el concepto no está científicamente probado y ni siquiera se considera totalmente científico. Revisiones con base científica afirman que la PNL se ha fundado en analogías inexactas de los mecanismos de la mente que son incongruentes con la teoría cognitiva existente, y por lo tanto abarca muchas inexactitudes de hecho.

Las revisiones han mantenido que los estudios sobre el trabajo de PNL presentaban importantes defectos críticos, y han luchado por demostrar que las "extraordinarias afirmaciones" de Bandler, Grinder y otros investigadores eran defectuosas. No obstante, la PNL ya ha sido adoptada como instrumento de capacitación en materia de gestión por las autoridades, los asesores y los mentores de las empresas que organizan seminarios.

El desarrollo temprano de la PNL

La PNL implica un método llamado modelado y una colección de enfoques desarrollados por Bandler y Grinder. Algunos se aprendieron de la investigación de M. Erickson, V. Satir y F. Perls. Los conceptos de G. Bateson, A. Korzybski, N. Chomsky (especialmente la gramática transformativa), y Carlos Castaneda también fueron investigados por Bandler y Grinder.

Los fundadores creían que su enfoque convertiría la estructura y la complicada actividad humana que es evidente en los tratamientos llevados a cabo por Perls, Erickson y Satir, así como por otros terapeutas; los elementos codificados derivados de la estructura podrían entonces ser aprendidos por otros. Los terapeutas compilaron en 1975 un libro titulado "La estructura de la magia: El libro del lenguaje y la terapia" que trataba de codificar las metodologías terapéuticas tanto de Satir como de Perls.

Los fundadores afirmaron que habían empleado su propio sistema de modelación para crear el meta-modelo, el marco para recoger datos y abordar las cuestiones relativas al lenguaje y las pautas cognitivas del consumidor. Afirmaron que sus principios gramaticales transformadores proporcionaban una descripción más precisa de la estructura fundamental y los desafíos de las distorsiones lingüísticas, definiendo las generalizaciones y restaurando la información que se había borrado en las declaraciones del individuo. El anclaje, el posible ritmo y las estructuras de representación también se extrajeron de Satir.

Bandler y Grinder describieron el Esquema de Milton, una versión del supuesto lenguaje hipnótico de Milton Erickson, como artístico y metafórico. Fusionado con el modelo Meta, el modelo de Milton se utiliza para desencadenar un estado mental medio consciente receptivo a recomendaciones psicológicas implícitas. Aparte de Satir, ni Bandler ni Grinder trabajaron con los escritores o investigadores que describen como fuentes. Chomsky no tiene ninguna conexión con la PNL; su trabajo inicial estaba destinado a ser una hipótesis más que un tratamiento.

André M. Weitzenhoffer, experto en hipnosis, señala que "el grave inconveniente del análisis lingüístico realizado por los fundadores es que se concluye sobre hipótesis que no están realmente probadas y respaldadas con datos relevantes". Stollznow también declaró que la PNL era menos que creíble.

Más recientemente, Bandler afirma haber utilizado la lingüística y los patrones holográficos para diseñar la PNL. Los modelos que forman la PNL son modelos estructurados formulados a partir de principios numéricos y racionales, incluidas las fórmulas científicas y las construcciones teóricas que sustentan la holografía. El inconveniente aquí es que McCledon, Spitzer y Grinder no hablan de matemáticas o de holografía al contabilizar la construcción de la PNL.

El fundador recuerda sus pensamientos en el momento de la formulación del código, de 1973 a 1978, cuando se centraron sobre todo en la planificación de una campaña guiada por el trabajo de Thomas Kuhn sobre la estructura de la revolución científica para derrocar el paradigma existente. Percibió como una ventaja que ninguno de los fundadores fueran psicólogos formados o aprendieran en ese sector y lo consideró útil al diseñar una aplicación terapéutica. Este fue también un aspecto importante que Kuhn señaló cuando estudió la transformación del paradigma.

Algunos estudiosos como Robert T. Carroll contradecían los esfuerzos del fundador y condenaban el hecho de que formulara la PNL sin una comprensión adecuada de los conceptos de Kuhn. Según Carroll, el cambio de paradigma no fue planeado de antemano, sino que fue el resultado del esfuerzo realizado científicamente con respecto al paradigma que genera información ineficaz dentro del paradigma existente, creando así el cambio de una necesidad de adoptar un nuevo sistema.

Durante el desarrollo de la PNL, los fundadores no prestaron atención a la crisis de diseño relacionada con la psicología, y no obtuvieron datos que fueran causados por ese fenómeno.

Cómo se comercializó la PNL

El sistema de la PNL fue promovido y sus técnicas fueron aceptadas para su uso en los sectores industriales y comerciales pertinentes. Los fundadores decidieron dejar de centrarse en el mundo académico y en su lugar propagar sus materiales mediante eventos y presentaciones centrados en personas o grupos interesados en descubrir los cambios.

En ese período, el movimiento de la PNL se formó por una comunidad de terapeutas, así como de aprendices y ganó la atención mundial. Muchos de los renombrados expertos en autoayuda y coaches de vida de hoy en día han explorado la PNL y la utilizan en su educación. Por ejemplo, Grinder fue entrenado por Tony Robbins.

Desde entonces, la campaña ha perdido el enfoque. Algunas facciones opositoras que no creen en la PNL dicen que no tiene base científica. Sin embargo, la ideología sigue siendo estudiada extensamente y utilizada en ámbitos académicos y no académicos.

PNL - Sus principios subyacentes

La PNL se basa en tres principios fundamentales bajo los cuales se encuentran otros componentes y conceptos que se relacionan con los principales.

1. **Subjetividad.** Usted vive su vida muy subjetivamente, y esto lo lleva a crear una representación subjetiva de todos sus encuentros. Las representaciones son creadas por su lenguaje y los cinco sentidos del cuerpo. Los encuentros subjetivos de los que somos conscientes son una acumulación de entradas de la vista, el oído, el tacto, el olfato y el gusto. Un ejemplo es cuando se recuerda un evento pasado y mientras se hace, se pueden ver imágenes, recordar sonidos, sentir sensaciones u oler olores del evento; también, se puede pensar en algo en un lenguaje que es parte de uno. Se cree que este tipo de experiencias tienen una estructura perceptible y una secuencia. La PNL se describe como el análisis de la estructura de la experiencia subjetiva.

Se pueden comprender las acciones relativas a la representación sensorial. El comportamiento es ampliamente percibido para incluir la comunicación verbal, así como el lenguaje corporal que no es verbal, disfuncional, no adaptativo o compulsivo.

Las acciones (en sí mismo y en otras personas) pueden ser alteradas al influir en estos sentidos.

2. **Conciencia.** La PNL se basa en el concepto de que la conciencia se transforma en acciones conscientes y no conscientes. Las representaciones subjetivas que tienen lugar fuera de la consciencia de un individuo comprenden los "procesos de pensamiento inconscientes".

3. **Aprendizaje.** La PNL emplea un proceso de aprendizaje ilustrativo, un método de modelación de términos, que sistematiza y replica el conocimiento de un modelo en cualquier área. Una parte importante del proceso de codificación consiste en la descripción de los sentidos y el patrón lingüístico de la experiencia relativa del sujeto durante la aplicación de los conocimientos especializados.

PNL - Sistema de Modelo Teórico

El modelo de comunicación. Los tres elementos clave mencionados anteriormente constituyen los fundamentos de la teoría y el enfoque de la PNL. El modelo de comunicación de la PNL es un concepto central del programa. Este párrafo trata brevemente cómo la PNL asume que el comportamiento social tiene lugar.

El modelo de comunicación de la PNL asume fundamentalmente que un individuo está en una especie de bucle de comportamiento constante. Su comportamiento exterior siempre crea una reacción dentro de usted. A su vez, las respuestas internas motivan a un individuo a reaccionar de una manera específica o a retratar un comportamiento externo particular. Este comportamiento externo crea otra reacción interna, y el proceso continúa como una respuesta cíclica.

Además, su reacción interna a un comportamiento externo particular es un efecto del estado mental interno y los procesos mentales que trabajan continuamente dentro de su cerebro. La reacción está sujeta a las múltiples maneras en que percibe la experiencia subjetiva. El ciclo interno involucra aspectos como el hablar consigo mismo y lo que usted está escuchando en su mente, mientras que el sistema interno se trata de sentimientos y emociones.

Técnicas de la PNL

La idea de la PNL se basa principalmente en el concepto de una técnica de afrontamiento para cada acción y reacción en su comportamiento interno y externo. Para explicar y modificar el comportamiento humano, el programa utiliza varios conceptos:

Modelado: El modelado fue la base del concepto de la PNL. Se cree que el modelado proporciona una visión del sistema de creencias del individuo y la anatomía psicológica de una persona. Se utiliza para entender las técnicas mentales incorporadas de la persona, que afectan a todos los demás aspectos del pensamiento y el comportamiento.

El modelado identifica principalmente las tácticas o patrones psicológicos que una persona utiliza para hacer las cosas. La forma en que un individuo aprende nueva información, o una nueva habilidad, puede ser un ejemplo de modelado.

Usted tendría que modelar tres cosas para aprender a hablar un idioma como el inglés. Inicialmente, desarrollaría un vocabulario del idioma. Esto es para que pueda entender, por ejemplo, que "*cat*" significa "gato".

Luego usted aprendería la sintaxis. La sintaxis indica su habilidad para combinar palabras adecuadamente para hacer una frase u oración. La capacidad de decir, por ejemplo, "Me llamo Alexa".

En la tercera parte del modelado, aprendería a emplear los movimientos de la boca para hablar y sonar como debería cuando habla en inglés.

La PNL sostiene que no solo puede encontrar estos modelos en cada aspecto de su comportamiento social, sino que puede alterar su comportamiento cambiando los patrones que precipitan su comportamiento habitual. Usted puede descubrir, por ejemplo, los patrones utilizados para responder a los correos electrónicos y remediar el elemento problemático de su modelo si no es tan eficiente en la respuesta a los correos electrónicos como desea ser.

Estrategias de la PNL para las interacciones internas y externas. En la teoría de la estrategia de la PNL siempre se plantea un patrón particular de acontecimientos externos e internos que contribuyen a un determinado resultado. Probablemente usted va a ser testigo de un resultado diferente si ajusta el patrón y el orden.

Consideremos el ejemplo de cómo querer mejorar su correo electrónico. Lo más probable es que utilice un conjunto específico de patrones de interacciones tanto externas como internas para responder a los correos electrónicos. Esto podría significar atenerse a un momento o formato específico, o variar sus prioridades en función de a quién esté respondiendo. Esto no sucederá de la misma manera si la secuencia se altera o modifica.

Los cinco sentidos distintos son las características clave de cada enfoque: visual, auditivo, kinestésico, olfativo y gustativo. Puede que usted empiece a componer un correo electrónico, que sería su comportamiento externo, pero esa acción produce una experiencia interna de una imagen o sabor específico que a su vez hace que se comporte de una manera particular. Recuerde que estas cinco sensaciones sensoriales pueden ocurrir tanto externa como internamente.

Cuando usted se reúne con un especialista en la PNL, se enfocan en reconocer su comportamiento externo e interno. Cuando relata una historia, ellos observan cómo sus ojos se mueven, o su boca se mueve, o su expresión cambia mientras usted habla. Estos aspectos ayudan a identificar sus patrones de comportamiento y a usarlos de manera más productiva para crear un cambio positivo.

El Modelo de prueba-operación-prueba-salida (Modelo T.O.T.E.) de la PNL

El concepto T.O.T.E. fue introducido por Bandler & Grinder. T.O.T.E. se refiere a un paradigma de varias técnicas de PNL y se utiliza principalmente para demostrar cómo un individuo maneja la información. T.O.T.E. indica Probar, Operar, Probar y Salir.

Bandler y Grinder formularon las teorías del TO.T.E., aunque de alguna manera se derivan del libro "*Los planes y la estructura del comportamiento*" de Miller, Galenter y Pribam.

El modelo T.O.T.E. se utiliza principalmente para ver qué funciones son responsables de sus reacciones, es decir, para evaluar el conjunto de estrategias particulares que funcionan para determinar su comportamiento.

En principio, la prueba examina el desencadenante que inicia la estrategia. A medida que el mecanismo continúa funcionando, se vuelve a comprobar para determinar si el ciclo se ha completado.

Tomemos, por ejemplo, el animarse a escribir correos electrónicos. Usted querrá notar qué factores lo impulsan a comenzar a escribir en primer lugar. Este es el "detonante del objetivo".

Las operaciones son la siguiente parte de este modelo. La implicación operativa examina los métodos externos e internos necesarios para continuar la estrategia.

Usted va a llevar a cabo una prueba alternativa en este momento. En esta parte del T.O.T.E., puede comparar si el disparador de la prueba inicial y la operación han inducido una estrategia y conducta común. Si la prueba tiene éxito y se observa el mismo patrón de comportamiento, la salida tiene lugar. Si no, esto implica que el supuesto desencadenante no es el correcto, o que las interacciones han cambiado en la segunda etapa de la operación.

Beneficios de la PNL

La PNL se ha utilizado ampliamente en diversos campos, y los defensores del sistema reconocen que puede beneficiar a la mayoría de las personas con un cambio positivo en la vida. A continuación, se enumeran algunos de los beneficios más comunes del sistema.

Ansiedad y estrés

La mayoría de las técnicas terapéuticas, incluida la PNL, resultan eficaces para tratar a las personas que se enfrentan a la ansiedad. La evidencia y las investigaciones demuestran que la PNL contribuye a aliviar la sensación de ansiedad en los individuos con claustrofobia durante las resonancias magnéticas.

El sistema lingüístico de la PNL es principalmente el vehículo para reducir la ansiedad y el estrés. Una persona que sufre de ansiedad se siente bastante tranquila cuando se desahoga sobre sus problemas. Los talleres de control pueden ofrecer a las personas una comprensión racional de la situación y mejorar los procesos de adaptación a los elementos estresantes que los perturban.

Mejorar el éxito de los negocios

La PNL puede tener un enorme efecto en su vida laboral, ya que ayuda a transformar su forma de vida para cumplir mejor con sus objetivos empresariales. Ayuda a protegerse de las horas excesivas de trabajo y a encontrar formas de realizar un trabajo fructífero con menos tiempo y esfuerzo. Es probable que usted tenga éxito en los negocios, ya que puede canalizar el comportamiento positivo y erradicar los hábitos no saludables.

Desarrollar la creatividad

Hay un amplio espacio para la creatividad en las técnicas y estrategias de la PNL. Puede comenzar a mirar varios conceptos y técnicas considerando los efectos que los diferentes componentes sensoriales tienen en su actitud. Luego puede observar los temas comunes desde una perspectiva diferente.

Además, el simple hecho de que la PNL se basa en encontrar secuencias para identificar y mejorar sus estrategias de aprendizaje es extremadamente relevante para el éxito comercial. A medida que la PNL le hace entender cómo se enseña el comportamiento humano, usted se encuentra en una posición para aprovechar las tácticas de negocios eficaces en su empresa para el éxito.

Erradicar las fobias y los miedos

La PNL trabaja en el descubrimiento de técnicas que dirigen y mejoran su comportamiento, para que pueda usarlas para superar fobias o miedos. A través de la PNL, la reacción interna que usted experimenta puede cambiar cuando se encuentra con algo que le causa miedo. Aprenderá estrategias para regular sus sentimientos y permanecer calmado y seguro cuando necesite enfrentarse al público en el escenario o presentarse durante una reunión si es alguien que carece de confianza en los espacios públicos.

Crear buena salud y relaciones

Las investigaciones sugieren que la PNL tiene un impacto muy limitado en el bienestar saludable; sin embargo, muchos creen que cuando la ansiedad disminuye y se desplaza después de que se han aplicado los enfoques de la PNL, las personas son más capaces de sustituir buenos hábitos por los viejos malos. Dado que es seguro no tener que pensar en un impacto adverso para la salud usando la PNL, es fácil probar si el sistema funciona para usted.

Eventualmente, usted fortalecerá sus interacciones con otros porque los principios mejoran significativamente la comprensión de varios comportamientos humanos. Puede reaccionar mejor a ellos y comprender sus enfoques negativos de la vida al entender la forma en que funcionan los individuos.

Capítulo dos: Reencuadre para cambiar de opinión

Habiendo obtenido una visión de la PNL, debe tener curiosidad por aprender cómo aplicar las técnicas de PNL para mejorar su comunicación dentro de usted mismo. Aquí hay una cálida sorpresa esperándole. ¡Usted ya conoce el proceso de la PNL y lo ha utilizado en numerosas ocasiones, lo que significa que no es una habilidad que requiera pasar tiempo aprendiendo! La única razón por la que no es consciente de ello es que normalmente ocurre en su mente inconsciente.

Aunque el reencuadre es un proceso inconsciente, no significa que todo el mundo sea capaz de lograr el mejor resultado posible que tiene que ofrecer. ¿Alguna vez ha luchado una batalla consigo mismo para romper un mal hábito y aun así no ha tenido éxito? Aquí está su respuesta. Puede usar el reencuadre de su mente, que es un factor esencial en la PNL, y asegurarse de salir victorioso esta vez.

Reencuadre en la PNL

Elija una pared colgante en su casa e imagínese reemplazar su marco exterior por uno diferente. Retroceda y eche un vistazo. ¿Le parece que es lo mismo? La mayoría de las veces, la respuesta será

"No". Usted acaba de utilizar "reencuadre" para construir una nueva imagen a partir de una ya existente.

En la PNL, " reencuadre" se refiere al proceso de alterar el significado de una situación o comunicación cambiando el marco que la rodea, donde el marco podría ser el contexto, el contenido, el escenario y/o la percepción personal de la situación particular. En pocas palabras, "reencuadre" significa mirar una situación desde una perspectiva diferente.

Reencuadre: Una presunción central del enfoque de la PNL es que todo comportamiento es función de una intención positiva, independientemente de que sea un comportamiento favorable o no favorable. El reencuadre implica el proceso de separar un comportamiento negativo de sus intenciones positivas y hacer responsable al originador del comportamiento negativo de reemplazar la respuesta desfavorable por un comportamiento mejorado de acuerdo con las mismas intenciones positivas.

Ahora, si todo eso parecía demasiado técnico, aquí hay una explicación mucho más simple.

¿Alguna vez ha tenido un caso en la vida en el que su jefe le haya regañado en el trabajo? Probablemente se sintió herido y enfadado por haber sido marginado y pudo haber tenido la tentación de enviar su renuncia. Otra forma de interpretar toda la situación sería aceptar la crítica constructiva y aprovechar la oportunidad para mejorar su eficiencia.

La intención positiva de este comportamiento es avanzar en la vida y superar el punto de ser dejado de lado por su jefe. El comportamiento negativo es enojarse, sentirse herido y enviar su renuncia. El comportamiento más positivo es aceptar las críticas y mejorar uno mismo. El comportamiento positivo y el comportamiento negativo son dos posibles marcos para la situación con el jefe. El proceso de elegir un resultado positivo en lugar de una consecuencia negativa al evaluar la situación, ¡es un reencuadre!

¿Ahora entiende cómo el reencuadre es una parte de la vida cotidiana? Lo usamos repetidamente para interpretar todo lo que sucede a nuestro alrededor. Cada vez que intentamos extraer un significado de los acontecimientos de nuestra vida, estamos eligiendo una perspectiva sobre numerosas posibilidades, lo que termina definiendo nuestras vidas y decisiones. Conocer el proceso de reencuadre ayuda a limitar los daños colaterales a uno mismo al elegir un mejor camino alternativo de interpretación.

Tipos de reencuadre: Contenido y contexto

Reencuadre del contenido: ¿Alguna vez se ha encontrado en una situación en la que se vio perturbado por un fallo de corriente durante una presentación, pero su colega logró mantener la calma y siguió hablando sin problemas en las mismas condiciones? El significado que le ha dado a la situación (que su presentación está condenada debido a un fallo de corriente) es diferente a la de su colega. Lo que usted elija para centrarse en un evento determina el resultado de su comportamiento. El fallo de energía en sí mismo no tiene ningún significado, aparte de ser una interrupción del suministro de energía. Si elige percibir el fallo de energía como una perturbación, entonces es probable que se moleste. Por el contrario, si elige utilizar el corte de energía como una oportunidad para recordar sus pensamientos, va a estar preparado para reanudar la presentación cuando vuelva la energía.

Por lo tanto, el reencuadre del contenido es el proceso de buscar un significado diferente en una situación.

Reencuadre del contexto: Cambiar la situación para dar al mismo comportamiento un significado diferente. El comportamiento no tiene el mismo significado en todos los contextos. Por ejemplo: el hábito de utilizar tinta de diferentes colores para decorar los apuntes cortos cuando se estudia por cuenta propia es útil para resaltar diferentes temas, pero no es práctico cuando se está escribiendo un examen en condiciones de tiempo.

En el contexto de reencuadre del comportamiento original se deja sin cambios. Solo se reubica el comportamiento en un nuevo lugar, en una situación diferente, y por lo tanto se cambia el significado de la misma. ¿Puede imaginar una situación en la que un comportamiento negativo como la postergación pueda tener un efecto positivo? ¡Aplíquelo a la comida en exceso! Retrasar el postre después de la comida tendrá un efecto positivo en usted al evitar comer en exceso.

Seis pasos que puede utilizar para dominar el proceso de reencuadre

Aunque el proceso de reencuadre se produce de forma inconsciente, vale la pena ser capaz de reconocer la secuencia de acontecimientos que provocan este cambio de percepción, principalmente porque le ayudará a reencuadrar de forma consciente.

El reencuadre puede practicarse en seis etapas. Para facilitar su comprensión, se han ilustrado las siguientes etapas con un ejemplo.

Paso 1: Identificación; reconocer qué sentimiento o comportamiento negativo debe cambiarse.

Por ejemplo; usted siempre se encuentra sentado toda la noche tratando de completar su tarea el día antes de la fecha límite porque está postergando hasta el último día. El comportamiento negativo que debe cambiar aquí está retrasando su trabajo.

Paso 2: Comunicación; identifique la parte de su inconsciente que está causando este comportamiento desfavorable e intente iniciar un modo consciente de comunicación entre ustedes dos (llamemos a la mente inconsciente "el mediador", por referencia). Sería útil en esta etapa prestar mucha atención a cualquier señal sensorial (por ejemplo, imagen mental, sonido, efectos táctiles) en respuesta a su petición. Recuerde apreciar la capacidad de respuesta del mediador, ya que siempre ayuda a estar en términos positivos con los demás.

Comprenda que es su organizador interno el que es ineficiente en la gestión de tareas. Tómese un minuto para acceder a su organizador y pregúntele si está dispuesto a cambiar su curso de acción para mejor. Puede que reciba una respuesta en forma de reconocimiento mental o un ligero cambio en las sensaciones, ¡así que preste mucha atención!

Paso 3: Intención positiva; aislar la intención positiva del mediador. Al hacerlo, puede separar el comportamiento negativo de la intención positiva y tratar de alterar el rasgo indeseable mientras se preserva la intención. Identificar la intención positiva también sirve a un segundo propósito; permite al mediador tener una visión optimista de sí mismo, aumentando la autoeficacia, y por lo tanto siendo menos resistente al cambio.

Dese cuenta de que su intención aquí es completar su tarea antes de la fecha límite para que tenga tiempo suficiente para revisarla. Incluso si su respuesta conductual fue desfavorable al retrasar su carga de trabajo, sigue compartiendo la misma intención positiva de completar sistemáticamente su trabajo.

Reconocer esto asegurará que su camino hacia el cambio comience con una perspectiva optimista y no debido a la vergüenza o al arrepentimiento, lo cual, créame, no va a hacer el resto de los pasos más fáciles.

Paso 4: Soluciones; tocar la puerta de su creatividad e idear mejores respuestas alternativas para satisfacer la intención positiva. Recuerde que debe apreciar una vez más la cooperación que le brinda su creatividad.

Piense en posibles alternativas a su enfoque hacia la finalización de la tarea, tales como:

- Utilice un sistema de objetivos en el que se divide la tarea en subcomponentes que se pueden alcanzar diariamente.

- Utilice un programa de refuerzo donde se recompense con un incentivo cuando alcance un objetivo.

- Alértese a sí mismo usando recordatorios en su teléfono móvil o ventanas emergentes en la pantalla de su computadora.

Paso 5: Evaluación; presentar las alternativas al mediador para la evaluación. Negociar y tratar de decidir un mejor comportamiento para reemplazar la respuesta indeseable anterior. Si el mediador no está satisfecho con las opciones, entonces no se recomienda obligarlo a aceptar una elección, ya que solo producirá un alivio temporal y puede tener repercusiones en lugar de la internalización. Vuelva al paso 4 y trate de idear alternativas más aceptables.

Pregúntese si está dispuesto a intentar un enfoque diferente la próxima vez que se le presente una tarea. Si su inconsciente le comunica que sus alternativas son demasiado poco realistas o requieren demasiado esfuerzo, desarrolle más ideas que lo hagan sentir cómodo. No se sienta culpable, haga que su inconsciente ceda a sus demandas conscientes.

Paso 6: Objeciones e interiorización; si todo ha ido bien y el mediador está satisfecho con sus alternativas, abrazará sus soluciones y reemplazará el comportamiento negativo con un resultado favorable. Sin embargo, un cambio en su comportamiento o percepciones podría tener consecuencias en otro factor del entorno que podría necesitar ser abordado.

Si usted decide atenerse al sistema de objetivos, podría afectar a su capacidad de gestión del tiempo. Tendrá que apartar tiempo diariamente para la tarea, lo que significa tomar tiempo de otras responsabilidades. Esto requerirá compromisos y la priorización de sus otras numerosas tareas.

Finalmente, busque maneras de internalizar el nuevo comportamiento para que no tenga que volver a realizar un reencuadre en la misma situación en el futuro.

¿Cuándo se utiliza el reencuadre?

Prácticamente todos los días. Puede utilizar el reencuadre cuando se sienta frustrado, enfadado, herido, desorientado, triste o en cualquier estado mental incómodo. Si es una persona sana, probablemente le resulte desagradable permanecer en un estado mental negativo durante mucho tiempo y buscará una distracción para salir de sus pensamientos rumiantes. El reencuadre le garantizará el alivio que busca. Pregúntese, "¿Qué más podría significar esto?" en lugar de "¿Por qué a mí?" y será capaz de arrojar algo de luz sobre su difícil situación.

¿Es el reencuadre una forma de negación?

Un concepto erróneo común de reencuadre podría ser que está superando una situación negativa en la vida al suavizarla. En otras palabras, ¿Está negando la realidad tranquilizándose con una justificación artificial? El reencuadre está lejos de la negación. Bajo el reencuadre del contenido, concluimos que un evento no tiene un significado específico y asumirá cualquier connotación que le dé. Por lo tanto, el reencuadre es un proceso de aceptación de la realidad y la elección de percibirla de una manera que sea beneficiosa para sí mismo. Cuando se experimenta un contratiempo en la vida y se decide seguir adelante, significa que se ha aceptado el contratiempo como una nueva oportunidad en la vida para empezar de nuevo en lugar de ser víctima de los acontecimientos de la vida. El reencuadre es una forma liberadora de pensar.

Consejos útiles para el reencuadre

• Desarrolle una conversación saludable – aprenda a apreciarse a sí mismo y a sus esfuerzos y aumente su uso de vocabulario positivo. Reemplazar los pensamientos negativos por otros positivos.

• Pregúntese: "¿Hay otra forma de ver esta situación?".

• Desafíese a sí mismo a dar otras tres explicaciones para el evento. No hay mejor manera de levantar su moral que presentándole un desafío para probarse a sí mismo una vez más.

Autoayuda: piense en los posibles reencuadres que podría considerar al reevaluar las siguientes situaciones.

• Usted ha planeado una excursión con sus amigos, pero empieza a llover mucho ese día, y tiene que abandonar la idea.

• Una relación íntima termina.

• Lo despiden de su trabajo.

• Falla en un examen.

Capítulo tres: Técnicas de anclaje para cambiar su vida

El anclaje es otra técnica de programación neurolingüística que se centra en el control y el mantenimiento del estado emocional. Es un proceso simple que tiene un profundo efecto en su bienestar. Y no es sorprendente que el anclaje, como todas las otras técnicas de la PNL, sea un proceso que se lleva a cabo diariamente a un nivel inconsciente.

Este capítulo lo llevará a través del proceso de anclarse, proporcionando una visión de cómo se originó, algunas aplicaciones comunes del anclaje, y algunos consejos útiles para asegurar el mantenimiento de sus anclas.

¿Qué es el anclaje?

Es el proceso de formación de una asociación entre un estímulo externo y un estado interno por el cual el estado interno puede ser despertado por la mera experiencia del estímulo externo. La asociación se refiere a una vía neurológica que se establece como resultado de numerosos emparejamientos del estado interno con el estímulo externo. El estado interno puede ser una emoción positiva o negativa. Sin embargo, la PNL utiliza solo los estados positivos para anclar, ya que el objetivo de anclar es hacer que uno se sienta bien, y eso solo se puede lograr si se asocian los sentimientos positivos. El proceso puede sonar complejo en este momento, pero una vez que usted haya leído todo el capítulo, se dará cuenta de que prácticamente todas sus acciones están influenciadas por el anclaje.

Usemos un ejemplo. ¿Alguna vez se ha preguntado por qué se despierta cada mañana con el sonido de su alarma? ¡Es por el anclaje! El sonido de la alarma (que es el estímulo externo) ha sido consistentemente emparejado con un estado de vigilia (estado interno), que ha resultado en la formación de una asociación entre ellos, así que ahora el mero sonido de la alarma hará que usted abra los ojos.

Intente cambiar el tono de su alarma y observe si tiene el mismo efecto en usted. La mayoría de las veces se dormirá durante la alarma y se despertará tarde al día siguiente porque el sonido de la nueva alarma no tiene ninguna asociación incorporada con su estado de vigilia; por lo tanto, no le despierta. Pero, dele una semana más o menos y se dará cuenta de que puede despertarse como de costumbre por el sonido de la nueva alarma.

Entonces, ¿qué aprendió de su experiencia con la nueva alarma? La repetición o la consistencia es una parte esencial del anclaje. El estado interno tiene que ser repetidamente emparejado con el estímulo externo para establecer la asociación llamada anclaje, pero no es lo mismo para todos los tipos de anclaje. Ciertas asociaciones pueden construirse en un solo caso de emparejamiento. La necesidad de repetición depende de la fuerza o la frecuencia de aparición de los estímulos.

¿Cómo se originó el anclaje?

Si usted tiene curiosidad por saber un poco de la historia del anclaje, aquí está. Todo el crédito es para el fisiólogo ruso Iván Pavlov que realizó una serie de experimentos con perros. Pavlov observó una extraordinaria respuesta del perro hacia la comida, que más tarde se utilizó para formar el principio del condicionamiento clásico. Se dio cuenta de que los perros salivaban inicialmente en presencia de la comida, lo cual era de esperar, ya que es una respuesta natural el salivar al ver la comida. Sin embargo, a medida que la serie de experimentos avanzaba, el perro comenzó a salivar con el mero sonido de las pisadas del investigador que traía la comida, mucho antes de que se le presentara la comida. Este fenómeno se denominó condicionamiento clásico, en el que un estímulo neutro (los pasos del investigador) se emparejaba con un estímulo incondicional (la comida), que originalmente provocaba una respuesta incondicional (salivar). Numerosos de esos emparejamientos dieron lugar a que el estímulo neutral se convirtiera en un estímulo condicionado (pasos), que luego provocó una respuesta condicionada (salivación).

El anclaje se basa en este principio del condicionamiento clásico, ya que trata de formar una asociación estímulo-respuesta, que producirá la respuesta incondicional de sentirse bien siempre que una persona lo requiera.

Anclas comunes en su vida diaria

Imagínese conduciendo. Se aproxima a una intersección, y los semáforos se ponen en rojo. Involuntariamente usted pisa el pedal del freno y detiene su conducción; esto es anclar. Debido a las numerosas ocasiones en las que se ha parado en un semáforo en rojo, se ha formado una asociación entre pisar los frenos y los semáforos en rojo, lo que resulta en un esfuerzo inconsciente por parar el coche cuando se llega a un semáforo en rojo.

¿Qué hay de los anuncios que salen en la televisión durante su programa favorito? Por muy molestos que sean, sirven para el propósito de anclar. Fíjese en el contenido de estos anuncios. No solo incluyen la imagen del producto que se está promocionando, ¿verdad? Tienen tantos estímulos extras involucrados, como niños, chicas bonitas, buena comida, etc. ¿Puede adivinar la razón de tal inclusión? Es para aprovechar sus anclas preexistentes, que le hacen sentir bien cuando ve comida deliciosa, niños y chicas bonitas. Al emparejar su producto con estos estímulos, que provocan un sentimiento positivo en usted, pretenden construir una asociación entre ellos: para que cuando vea el producto del estante de la tienda, involuntariamente se sienta bien y lo compre.

Así que la próxima vez que usted vea un vehículo comercial lleno de chicas bonitas, preste mucha atención a lo que está sucediendo dentro de usted.

Tipos de anclajes

En el anclaje de la PNL, el estímulo externo actúa como el anclaje de su estado interno positivo. Esta pista externa podría tomar la forma de cualquier sistema de representación que active nuestros órganos sensoriales. El estímulo externo puede ser cualquiera de los cinco sentidos:

- Auditivo: una frase verbal como la letra de una canción favorita que le hace emocionar.
- Visual: una imagen de una fotografía de vacaciones que le recuerde todos los buenos momentos.
- Kinestésico: un toque físico como un abrazo de un amigo que le hace sentir nostalgia.
- Gustativo: un plato específico que hace que se sienta mal del estómago.
- Olfativo: el olor de un buen perfume que lo excita.

El proceso de anclaje

Aunque usted está inconscientemente al tanto del proceso de anclaje, aprender y practicarlo conscientemente le dará la ventaja de ser capaz de controlar y mantener su estado emocional y puede evitar que caiga presa de anclas negativas preexistentes en su vida.

Imagine cómo sería poder pasar instantáneamente de sentirse enojado y frustrado por haber sido injustamente reprendido a un estado de paz y tranquilidad.

Así es como puede lograrlo en solo cinco pasos:

1. Identifique lo que quiere sentir; por ejemplo, paz y calma.

2. Recuerde vívidamente una experiencia en la que sintió esa emoción. Reviva la situación y abrace toda la fuerza del estado interno, como si lo estuviera experimentando todo de nuevo. Piense en un momento de la vida en el que se sintió tranquilo. No solo

relajado y tranquilo, sino verdaderamente en paz. Debería ser un estado de alta intensidad de sentimiento, como tal vez un episodio de meditación. Ahora retroceda en el tiempo a ese punto exacto de su vida y revívalo, literalmente. No puede ser un observador del evento. Usted tiene que integrarse completamente para escuchar, ver y oler todos los estímulos en ese ambiente. Solo entonces podrá sentir la misma intensidad de paz que experimentó.

3.   Anclaje: elegir un estímulo externo específico para actuar como su ancla. Puede ser kinestésico, como tocar el pulgar y el índice juntos, cerrar el puño, pronunciar una frase en voz alta, etc.

Aplique el ancla cuando sienta que su estado máximo aumenta y sujételo hasta que sienta que la emoción comienza a disminuir, luego suelte el ancla.

Cuando se encuentre alcanzando el pico de su estado, y se sienta totalmente en paz, ancle su estado levantando el puño. Manténgase quieto hasta que sienta que la emoción comienza a desvanecerse. Ahora ha formado una asociación neurológica entre el estado interno de paz y una señal externa de cerrar el puño. Suelte suavemente el ancla abriendo la palma de la mano.

4.   Cambiar de estado: distraerse haciendo alguna otra acción como mirar por la ventana o leer algo que no esté relacionado.

Cambie de idea tratando de recordar la letra de su canción favorita.

5.   Pruebe el ancla: ahora levante el puño de la misma manera que en el paso 3 y observe si puede volver a ese estado de ánimo de forma natural. No se resista, deje que el anclaje siga su curso.

Una vez más, cierre el puño y sienta la sensación de paz que lo sobrepasa.

Si no se encuentra siendo capaz de disparar el ancla, vuelva al paso 2 y repita el proceso hasta que lo domine. Deje pasar un tiempo suficiente entre la colocación del ancla (paso 3) y el disparador de la misma (paso 5).

Las cinco claves que usted debe saber sobre el éxito del anclaje

Puedes recordar fácilmente las 5 llaves usando el acrónimo "ITURN" (Por sus siglas en inglés).

1. La intensidad de la experiencia (I): asegúrese de que la experiencia a la que elija anclar es una situación de alta intensidad emocional. (por ejemplo, cuando quiera anclar un estado de confianza, no elija una experiencia común como la de conducir. Aunque pueda estar muy seguro de sus habilidades de conducción, no está en un estado mental intenso cuando conduce).

2. Momento del anclaje (T): manténgase alerta y aplique el ancla cuando esté a punto de alcanzar el pico de su estado emocional. Hay una minúscula diferencia de tiempo entre la aplicación del ancla y el reconocimiento a nivel neurológico. Por lo tanto, si se aplica justo antes de llegar al pico, se asegurará que el ancla se fije en el estado máximo, lo que proporcionará un anclaje óptimo.

3. La singularidad del estímulo (U): si se trata de un estímulo kinestésico que usted busca, entonces elija una parte de su cuerpo que sea fácilmente accesible y que a la vez sea una parte que no se toque comúnmente. Utilice un punto de fácil acceso porque desea poder recurrir al ancla inmediatamente cuando sea necesario, en lugar de llegar a un rincón lejano de su físico. Se utiliza un punto o gesto que rara vez se toca porque no se desea disparar innecesariamente el ancla cada vez que ese punto experimenta un contacto o un gesto, lo que podría hacer que el ancla perdiera su eficacia después de un tiempo.

4. Repetición del estímulo (R): vuelva a aplicar el estímulo muchas veces para asegurarse de que el anclaje se ha fijado firmemente en su neurología (paso 3 del procedimiento anterior).

5. El número de veces (N): pruebe el ancla repetidamente al disparar la misma, lo que asegurará que la nueva vía neurológica se convierta en una vía de uso regular que pueda ser fácilmente activada cuando sea necesario.

Aplicaciones del anclaje de la PNL

El uso principal del anclaje es poder manejar sus emociones y acceder a estados de recursos cuando los necesite. Ser capaz de reemplazar los sentimientos negativos e indeseados con los deseables es una libertad absoluta. Hay muchas maneras de usar anclas para lograr esto. Aquí hay algunas aplicaciones:

• Administración del estado: este es el uso más básico del anclaje. Se recurre a un estado interno tocando el ancla cuando es necesario. Es útil en situaciones como exámenes, presentaciones o entrevistas, en las que se puede querer tener mucha confianza.

• Apilar las anclas: para ello, debe elegir diferentes situaciones que provoquen las mismas o diferentes emociones y apilarlas todas en un punto de su cuerpo. Por ejemplo, se puede crear una pila de anclas de confianza formando múltiples anclas de situaciones en las que se experimentó un pico de confianza, o se puede hacer una pila de anclas de pico positivas anclando diferentes experiencias de estados de pico positivos.

Esto resulta útil cuando se desea experimentar múltiples estados como una combinación de felicidad, confianza y amor. Su pila de anclas, cuando se dispara, le ayudará a recurrir a todos estos estados al mismo tiempo.

• Encadenando Anclas: implica anclar estados similares en puntos consecutivos de su cuerpo y dispararlos uno tras otro para experimentar una secuencia de estados similares. Después de algunas pruebas de disparo, usted se dará cuenta de que disparar la primera ancla es suficiente para activar toda la secuencia de anclas. Esto es útil cuando se necesita pasar gradualmente de un estado a otro, aumentando el estado hasta llegar al clímax.

• Colapsar las anclas: es una técnica útil para eliminar un estado negativo y reemplazarlo por uno positivo. Implica anclar un estado negativo y un estado positivo en dos puntos separados. Asegúrese de que el estado positivo es más poderoso que el estado negativo. Dispare ambos estados simultáneamente, deje que ambos estados le adelanten, y luego libere gradualmente el estado negativo, seguido del positivo.

¿Es el anclaje siempre exitoso y beneficioso?

Si bien el anclaje es una técnica con la que se puede contar para ayudar en situaciones difíciles, no siempre funciona según las expectativas. Como cualquier otra teoría, el anclaje no es infalible. Puede dejar de servir a su propósito cuando la intensidad de la emoción negativa que se experimenta es mayor que la potencia del estado de anclaje, o si el ancla no se ha utilizado con suficiente frecuencia. Durante estos momentos tendrás que ser creativo y optar por una combinación de técnicas en lugar de apilar todas las probabilidades contra una sola habilidad.

Así como una moneda tiene dos caras, el anclaje también tiene sus inconvenientes. No todas las anclas son beneficiosas. ¿Puedo pensar en algunas anclas dañinas? Aquí hay una pista: ¿Cómo usted piensa que se desarrollan las fobias?

Capítulo cuatro: Creando Rapport

En el capítulo 2 de este libro, vimos cómo una situación podía tomar un significado diferente con solo cambiar el marco alrededor de ella. En este capítulo, pretendemos dar un nuevo significado a las relaciones añadiendo un ingrediente secreto llamado rapport, que mejorará la calidad y la eficiencia de las relaciones. El rapport no es diferente de la mayoría de las técnicas de PNL, ya que es un proceso inconsciente en el que la gente se entrega. Es un hecho natural en todas las relaciones íntimas.

Aprender sobre las técnicas de rapport le permitirá aplicarlas conscientemente a las relaciones que carecen de profundidad y mejorar la eficiencia general de la comunicación. Este capítulo discutirá el valor de construir rapport, proporcionando una visión de cómo se puede desarrollar y mantener en una relación.

¿Qué es Rapport?

¿Alguna vez ha conocido a alguien por primera vez, y después de unos minutos de interacción, ha sentido que ha conocido a esa persona toda su vida?

Esto es un resultado directo de la rapport.

Rapport es un proceso inconsciente de establecer un sentido de confianza y comprensión con la otra persona. Es una forma de comunicación caracterizada por una completa capacidad de respuesta por parte de ambos individuos en una relación. Es, por lo tanto, recíproca. Así que, si siente que conoce a la otra persona toda su vida después de interactuar con ella durante 10 minutos, ¡probablemente sienta lo mismo por usted!

El rapport se crea por un sentimiento de comunión entre las personas. Se basa en dos principios fundamentales.

• Las personas se asocian con personas que son similares a ellas mismas (o a sus yos ideales).

• Las personas rechazan a los que son diferentes a ellos o como los que no quieren ser.

Esto sugiere que la gente se sentirá cómoda interactuando con aquellos con los que comparten un terreno común o con los que se pueden relacionar. Al mismo tiempo, las personas tienden a evitar a aquellos que parecen diferentes a ellos. Esta tendencia de los humanos a elegir con quién interactúan puede basarse en un paradigma de supervivencia primordial en el que la gente consideraba a los de su clan como seguros y a los de fuera de su territorio como enemigos.

¿Por qué es importante enfocarse en construir rapport?

¿Se ha dado cuenta de lo cómodo que se siente con su mejor amigo? Es porque usted ha establecido rapport con ellos. El rapport hace que las personas se sientan cómodas y les ayuda a abrirse a usted. Resulta en el desarrollo de la confianza y la comprensión, lo cual es crítico para una relación mutuamente beneficiosa. ¡Construir rapport le permitirá llegar a su público objetivo y transmitir su mensaje de manera eficaz, lo que significa que sus esfuerzos darán sus frutos!

Imagine que usted es un terapeuta clínico, y su cliente entra en una sesión. El individuo comienza a hablarle en un tono muy aburrido y monótono, y es evidente que está de mal humor. Como terapeuta, ¿cómo tratará de levantar el ánimo del cliente?

¿Acusará al cliente de ser desagradecido en la vida y lo amonestará para que salga del círculo vicioso de los pensamientos depresivos?

¿O bajará el tono al nivel del estado de ánimo del cliente y tratará de entablar una conversación sobre cómo todo el mundo está pasando por un momento igualmente difícil debido a la crisis económica del país?

La segunda alternativa es el curso de acción recomendado. Usted necesita reflexionar sobre el estado de ánimo del cliente para ayudar a construir el rapport y ponerlo a gusto. Esto se conoce como espejismo. Ayudará al cliente a ver a un amigo dentro de usted, haciendo que se abra y se incline a aceptar sus sugerencias más tarde, lo que se conoce como "Liderar". La primera alternativa simplemente alienará a su cliente y lo desalentará de continuar con la terapia, por lo que el rapport es importante. Necesita ser capaz de empatizar y alcanzar a la persona al otro lado de la habitación en lugar de precipitar vibraciones negativas que lo distancien de usted. Solo entonces podrá ser capaz de entregar lo que ellos buscan de usted.

¿A quién se aplica?

¿Ha intentado alguna vez construir ese vínculo con sus hijos para ganarse su confianza, pero ha fracasado miserablemente?

¿Se ha preguntado alguna vez por qué algunas parejas parecen estar tan sincronizadas entre sí que es casi un agravio para usted porque no puede lograr que dos palabras le lleguen a su pareja de manera eficiente?

¿Se ha preguntado alguna vez por qué tiene éxito en la venta de un producto a clientes específicos, pero fracasa con la mayoría?

Construir un rapport podría ser la solución a sus preocupaciones. ¡Es útil para todos y para cualquiera! Después de todo, los humanos somos criaturas sociales que están constantemente en contacto con la gente y construir una relación con las personas con las que interactuamos asegurará el nivel óptimo de eficiencia en la comunicación.

Habiendo afirmado que el rapport es un estilo de comunicación, echemos un vistazo a los diferentes modos de comunicación y sus contribuciones reales a la eficiencia en la interacción humana. Un error común es sobrestimar la importancia de la comunicación verbal en una interacción. Las estadísticas indican que solo el 7% de la interacción humana se basa en la comunicación verbal. El 93% restante de la interacción es el 38% de la tonalidad (la velocidad y el volumen de su tono) y el 55% de la comunicación no verbal. Por lo tanto, no es sorprendente que la mayoría de las técnicas de comunicación se centren en estilos de comunicación no verbal.

Tres pasos para construir una rapport

1. Emparejando y reflejando

Emparejamiento: es un proceso de replicar físicamente las acciones de otra persona. Si la otra persona levanta su mano derecha, usted también lo hace. Si se sienta en una silla, usted también se sienta. Si cruza su pie derecho sobre el izquierdo, usted hace lo mismo. Es muy similar al comportamiento de los niños y se basa en el aprendizaje observacional, que establece que los niños aprenden a través de modelos de su entorno. Los niños pequeños a menudo repiten frases verbales y copian las acciones de los adultos, lo cual es una parte vital de su proceso de aprendizaje. Esta habilidad se retiene en los humanos a medida que crecemos y se manifiesta en el proceso de emparejar el comportamiento, las palabras y los pensamientos de aquellos con los que se identifican.

Puede intentar realizar emparejamientos eligiendo una persona al azar y replicando cada uno de sus movimientos durante unos minutos, asegurándose de no estar en su línea de visión directa y de que su comportamiento no llame la atención (si esto ocurre, se convierte en mímica y no en emparejamiento). Emparejar su postura, comportamiento y acciones. ¡Al final de unos minutos de duplicar su comportamiento, realice una acción independiente (cambie su postura), y notará que él también cambia su postura! Esta es la evidencia de que el emparejamiento se produce en tiempo real, a un nivel inconsciente.

Reflejando: vuelva al ejemplo de la pareja sincronizada. ¿Ha notado cómo se mueven como una pareja al unísono, ya que cada movimiento se complementa con el otro? Esto se conoce como reflejando. Implica reflejar físicamente el comportamiento de otra persona en un nivel inconsciente. Puede intentarlo considerándose un espejo de las acciones de otra persona. Comience gradualmente reflejando un aspecto de su comportamiento. Por ejemplo, si una persona inclina su cabeza hacia la derecha, usted inclina la suya hacia la izquierda. Cuando lo haya logrado, puede incluir otra acción. Para ciertas acciones, puede que usted tenga que esperar un lapso de tiempo antes de reflejar la acción. Por ejemplo, si una persona hace un gesto con el brazo mientras habla, debe esperar su turno para hablar antes de hacer un gesto con el brazo.

Al emparejar y reflejar el comportamiento, se crea una sensación de similitud, que es un principio fundamental en el que se basa la relación. Usted puede tener la impresión de que está copiando o imitando a una persona al hacerlo, pero el emparejamiento y el reflejo real se producen en un nivel inconsciente. Tiene lugar cuando ambos individuos llevan a cabo el mismo patrón de acciones sin darse cuenta de que están emparejando el comportamiento del otro.

Comportamientos y acciones para emparejar y reflejar

• El tono de la voz: esto incluye la velocidad y el volumen del habla. Si alguien le habla animadamente, aumentando su tono y tempo a medida que avanza, entonces usted habla en el mismo tono vigoroso y hace coincidir su tono en su respuesta, lo que garantizará que usted resuene bien con la persona, llevando a un rapport.

• Lenguaje: ¿alguna vez se ha preguntado por qué balbucea cuando habla con un bebé, en lugar de hablar de forma normal? Bueno, es porque cuando usted quiere comunicarse efectivamente con alguien, necesita hablar en el mismo idioma que la otra persona, que es exactamente lo que está haciendo cuando balbucea en lenguaje de bebé a un bebé. Preste mucha atención a las palabras o frases clave utilizadas por la otra persona y repítalas en su respuesta a ellas. Así, la próxima vez que un cliente se acerque y le pregunte "¿puede sugerir un destino de vacaciones espectacular?", usted responde con "sí señor, este lugar parece un destino de vacaciones "espectacular" para usted y su familia, en lugar de decir "¡claro! Tengo unos cuantos planes de vacaciones maravillosos para usted." *No intercambie o parafrasee palabras clave,* ya que podría tener un significado diferente para la otra persona.

• Lenguaje corporal: empareja y refleja las posturas y gestos de la otra persona. Si inclinan la cabeza, usted sigue el ejemplo. Si hacen un gesto animado con los brazos, usted hace lo mismo, lo que asegurará que se vean a sí mismos en usted y allanará el camino para construir el rapport.

• Expresiones faciales: intente reflejar las expresiones faciales, y encontrará más fácil compartir las mismas emociones. Si la persona que está narrando una tragedia y parece desolado, entonces usted también permanecerá abatido. Le ayudará a empatizar de manera más eficiente.

• Contacto visual: ¡no se refiere a mantener el contacto visual durante toda la duración de la interacción! Al mismo tiempo, no aparte la mirada cuando se comunique. El contacto visual es un signo primitivo de hacer que la persona entienda que está siendo reconocida. Por lo tanto, mantenga y rompa el contacto visual a un ritmo cómodo.

• Respiración: ¡el factor más profundo que es más fácil de replicar, y que tendrá resultados efectivos instantáneos! Intente reflejar la frecuencia respiratoria de otro, y se encontrará cayendo en sincronía con el resto del estado mental de la persona.

• El tacto y la proximidad: responder al tacto de una persona. Un toque puede a veces comunicar un millón de palabras y podría ser el factor mágico necesario para establecer una relación. Si su hijo pone sus brazos alrededor de usted en el amor, usted rodea sus brazos alrededor de él y devuelve el abrazo. Si su compañero de trabajo le da una palmadita en el hombro para reconocer sus esfuerzos, usted le devuelve la palmadita cuando se va.

La proximidad se refiere al espacio personal, que es crucial en una relación. Preste atención y respete la necesidad de espacio del otro individuo. Esto asegurará que la persona esté a gusto cuando se comunique con usted.

• Creencias y valores: intente asumir las ideologías de la persona con la que se está comunicando, lo que ayudará a comprender de dónde viene la persona y a ofrecer soluciones sin juicios de valor. Esto no requiere que usted interiorice las creencias de los demás, solo sirve para lograr el rapport.

2. Modelo VAK de procesamiento de información

El modelo VAK propone que las personas procesen la información ya sea visualmente, auditivamente o kinestésicamente, basándose en lo que ven, oyen o sienten sobre la otra persona en una relación. Prestar mucha atención a cómo la otra persona procesa la información podría ser su puerta de entrada para ganar su confianza. Por ejemplo, si le ofrece su mano a un extraño y él o ella lo mira de la cabeza a los pies antes de responder, usted sabe que lo midió visualmente antes de aceptarlo. Para esa persona, es necesario que usted se vea presentable y le proporcione lo que necesita ver en usted (si se trata de una entrevista de trabajo, es necesario que muestre su confianza para asumir el papel. Si se trata de ofrecer ayuda a alguien que ha caído en la calle, necesita mostrar amabilidad). Pero si entra en una entrevista y el entrevistado no mira desde sus papeles, solo le reconoce con un sonido, usted sabe que está procesando información auditiva y entonces usted dice lo que quiere oír.

3. El ritmo y el liderazgo

El ritmo es entrar en el mundo de otra persona y convertirse en su modelo, pero bajo sus términos. Es casi similar a la biorretroalimentación, donde usted puede coincidir con la realidad de la otra persona. Es el resultado de dominar la técnica de emparejar y reflejar hasta el punto en que la persona siente que está en total sincronía con el otro, y hay una completa confianza y comprensión entre ellos. Es el paso final de construir la rapport, que luego facilitará el proceso de liderazgo. Usted puede comprobar si ha seguido hábilmente a otra persona interrumpiendo el patrón sincronizado de comportamiento y observando si la otra persona inconscientemente sigue su ejemplo. Como dar un paso atrás cuando se camina hacia adelante.

Liderar es cuando se usa el efecto de dar el paso para influenciar o guiar a una persona hacia un objetivo particular: lograr el rapport. En el ejemplo del terapeuta y el cliente, el terapeuta podrá conducir al cliente a un estado mental más saludable una vez que se haya establecido el rapport.

Así que la próxima vez que usted intente tener una conversación de corazón a corazón con su adolescente rebelde o que esté tratando de convencer a un cliente para que compre su producto, recuerde aplicar las técnicas de rapport, ¡y puede que tenga éxito en el logro de su objetivo!

Parte 2: Práctica de la PNL

Capítulo cinco: Técnicas de la PNL para persuadir a cualquiera

Anteriormente, esbocé un panorama detallado de la PNL y cómo podría ser utilizada en términos de reformular su mente, utilizando técnicas de anclaje para crear una desviación en la forma de pensar, y creando una relación a través de las técnicas de la PNL. Esta sección es sobre la persuasión y las técnicas de la PNL que le serían útiles para persuadir a alguien. El concepto de persuasión no es científico, pero se trata de entender el subconsciente humano y la mente humana. Usted toma nota del lenguaje de la otra persona y modifica este lenguaje para cambiar sus comportamientos.

Este enfoque induce al individuo a estar de acuerdo con un cierto concepto permitiéndole centrarse en el "CÓMO" del mismo en lugar de centrarse en el "QUÉ" del mismo. La PNL se llama Programación Neurolingüística porque toma las palabras que usted pronuncia y las reconstruye para modificar la forma en que usted piensa y se comporta. Esto a veces se percibe negativamente, pero un verdadero practicante de la PNL solo usaría sus habilidades y talentos para manipular a alguien positivamente.

¿Qué es la Persuasión?

Antes de continuar con las técnicas de persuasión de la PNL, debe entender lo que es la persuasión. La persuasión, también conocida como maniobra persuasiva, es una forma de creatividad y requiere un dominio que solo puede ser alcanzado por individuos hábiles y talentosos. Persuadir a los individuos y grupos juega un papel importante en el éxito de su vida social y personal.

Los profesionales y entrenadores de la programación neurolingüística han propuesto enfoques y técnicas ejemplares para persuadir, que pueden utilizarse en una variedad de entornos. Los estudios afirman que estas técnicas desarrollan desempeños personales y ayudan al individuo a mantener buenas relaciones intrapersonales e interpersonales.

Los métodos de persuasión de la PNL son seleccionados por los terapeutas durante el tratamiento de individuos con dificultades mentales como las fobias. Persuadir a alguien implica un proceso de alterar y reconstruir sus opiniones, creencias, valores y comportamientos hacia un resultado. Los humanos están programados de tal manera que encuentran extremadamente difícil salir de su zona de confort, sin importar cuál sea su zona de confort. Para algunos individuos, aunque su comodidad no sea saludable, no les importaría quedarse en ella porque, bueno, es cómoda.

La persuasión no consiste en forzar a un individuo a comportarse como queremos que se comporte, sino en permitirle salir de su zona de confort para lograr una zona de mayor comodidad después de que la incomodidad del cambio disminuya. En pocas palabras, un individuo que fuma regularmente seguirá fumando porque es su zona de confort. Persuadirlo o convencerlo será una tarea bastante difícil porque dejar de fumar es una molestia para la persona y durante el período de no fumar esta persona puede pasar por una incomodidad considerable, pero después va a experimentar una zona de confort más alta debido a la ausencia de su comportamiento poco saludable.

Para que la persuasión tenga éxito, la persona que trata de persuadir al individuo necesita averiguar lo que es importante para el individuo. El persuasor debe identificar los factores que eventualmente pueden dar al individuo un mayor nivel de comodidad. Para una persona que encuentra reconfortante quedarse en casa y evitar la vida social, el persuasor debe descubrir un factor que le permita salir de la caja ayudándole a darse cuenta de que incluso salir puede ser una opción, una vez que logre sus objetivos, va a tener una mayor sensación de comodidad. Este proceso necesita un persuasor hábil que sea capaz de asegurar al cliente que el cambio de comportamiento ciertamente va a hacer que se sienta más cómodo.

Técnicas de la PNL para la persuasión

Pasando a las técnicas de la PNL para la persuasión, aquí hay un par de técnicas útiles que pueden ayudar a persuadir a alguien.

1. Inicie una conversación

En primer lugar, inicie su conversación en el camino correcto. Esta técnica requiere que el persuasor se asegure de que el individuo esté familiarizado con el tema. Lo siguiente es ser muy claro y directo en lo que dice. Decir que "Anna falló" es una afirmación muy poco clara. ¿Quiso decir que Anna falló en sus exámenes, en una entrevista o en una búsqueda? Cuando se presenta una declaración que puede ser mal interpretada, hay que asegurarse de usar el vocabulario correcto para explicarla.

2. Pulse a la persona

Lo siguiente es saber qué es lo que pulsa el individuo. Intentando obtener un permiso de su director para organizar una fiesta nocturna, necesita saber qué es lo que pulsa su director. Si su director es alguien que se siente bien cuando es apreciado y alabado, puede alabarlo tanto como sea posible para obtener el permiso. Dele al individuo una breve idea sobre el panorama general en sus palabras.

3. Construir Rapport

Lo siguiente es construir el rapport mientras se mantiene humilde. Si usted es lo suficientemente hábil para construir el rapport, entonces usted tiene derecho a un pase a su confianza. Una persuasión exitosa comienza con un buen rapport basado en la confianza que el individuo alberga hacia el persuasor.

4. Mantenga la calma, la compostura y la humildad

Mantenerse humilde, sin parecer estar en competencia con el individuo y no hacerles sentir que uno se cree mejor que ellos, es fundamental durante el proceso de persuasión. El envío de ese tipo de mensaje por lo general solo hará que el individuo se atenga fuertemente a su punto, haciendo que sea difícil de persuadir.

5. Absorber y concentrar

En lugar de averiguar lo que debe decirse a continuación, absorber y concentrarse en lo que está diciendo el individuo. Ahora, esta es una tarea bastante difícil; esto se desarrolla gradualmente a medida que se avanza en el camino. Cuando se presta suficiente atención a lo que dice el individuo, podrá responderle adecuadamente, pero si solo se piensa en lo que se debe decir a continuación, entonces se puede salir del tema, lo que puede indicar su falta de atención y conducir a una discusión deficiente. Cuando la persona esté hablando, asegúrese de no interrumpir su declaración solo porque usted entendió el punto; si eso sucede, la persona podría olvidar su punto y estresarse por ello.

6. Mantener el seguimiento y apuntar a un momento adecuado

Uno de los factores más importantes que hay que considerar cuando se mira el proceso de persuasión es el tiempo. Si la persona no tiene suficiente tiempo para tener una discusión con usted, entonces lo que tenga que decir puede no ser tomado en consideración debido a la falta de tiempo que posee. Por lo tanto, antes de iniciar la conversación es necesario poder preguntar si la persona tiene suficiente tiempo para una charla.

7. Sea respetuoso y no juzgue

No juzgue ni falte el respeto a nada de lo que diga el individuo; debe ser capaz de empatizar con lo que dice ese individuo sin darle comentarios o respuestas directas de oposición. Usted necesita ser muy consciente del lenguaje que utiliza para que la otra persona no se ofenda. A veces, durante la discusión, es posible que se emocione, lo que puede llevar a que el proceso se convierta en una discusión, lo que indica un proceso de persuasión poco saludable.

Ventajas de la PNL

Estas técnicas de PNL pueden aumentar el nivel de influencia que ejerce sobre los demás. Las empresas que se dedican a la comercialización y las ventas dependen completamente de persuadir a sus clientes o consumidores para que compren sus productos; las estrategias presentadas en la PNL guían a estos vendedores y comerciantes para aumentar la posibilidad de influir en sus clientes en la toma de decisiones. La PNL también aumenta el rendimiento personal de la persona; la PNL le ayuda a modificar y reemplazar sus comportamientos negativos por otros más positivos. Estas estrategias también le ayudan a mejorar su estilo de liderazgo. Ser humilde y no juzgar le permite tener un mejor estilo de comunicación, incluso fuera del proceso de persuasión.

Fundamentos de la persuasión

1. Empatía: es una cualidad esencial que requiere un persuasor. No solo debe pensar en sí mismo, sino que debe tratar de ponerse en el lugar de la otra persona y pensar en cómo se puede sentir. La empatía también ayuda a disuadirle de ser crítico.

2. Habilidades para escuchar: solo un buen oyente será capaz de persuadir a otra persona; una persona que siempre está preparada para un argumento nunca será un buen oyente. Si usted quiere ser un buen persuasor positivo, debe ser capaz de escuchar lo que dice el otro individuo y prestar atención a su lenguaje corporal también.

3. Comandos indirectos e inteligentes: las personas tienden a ser más receptivas a las sugerencias que a las preguntas. Por ejemplo, en lugar de usar las palabras " ¿Le gustaría ir al concierto?", puede decir "Venga, vamos al concierto"; esto motiva una respuesta más positiva del individuo.

4. Restrinja las opciones que usted provee: trate de no permitir que el individuo diga "No", o al menos haga lo más difícil posible que el individuo diga "No". Tomando el mismo ejemplo, en lugar de

preguntar, " ¿Será capaz de quedarse mucho tiempo en el concierto?", pregúnteles, "¿Le gustaría quedarse aquí por tres o cuatro horas?". Esta última pregunta hace que sea difícil para el individuo decir un "No".

5. Permitir a la persona visualizar: los persuasores exitosos siempre ayudan al cliente o al individuo a visualizar para poder convencerlos. Un ejemplo sería, "este concierto nos hará gritar las letras de nuestras canciones favoritas".

6. Siempre hágalo lo más simple posible: tratar de convencer a la otra persona presumiendo solo será un fracaso; manténgalo tan simple como sea posible y recuerde que nunca debe dejar de lado sus puntos de vista.

Capítulo seis: El negociador de la PNL: Tácticas efectivas

La vida está llena de negociaciones, y en algún momento, usted tendrá que negociar por una u otra razón. Piense en todas las actividades que realiza en un día normal e intente averiguar si, en alguna de esas actividades, podría haberse salido con la suya sin negociar. Las cosas más sencillas, como el desayuno que podría tener que preparar para la familia, requerirá obtener el consenso de todos los demás. Puede argumentar que eso no sucede si está solo, pero incluso entonces, tendrá que negociar con usted mismo las decisiones que tome para sí mismo.

Por lo tanto, si la negociación es tan importante en la vida, ¿por qué no aprender a emplear la mejor de las técnicas para negociar? El poder de la negociación le proporciona la satisfacción de ser considerado importante y le da autoestima. Este capítulo está diseñado para proporcionarle un conjunto de tácticas útiles que puede utilizar para tener éxito en su negociación.

Seis reglas de oro para un negociador efectivo

Puede creer que la habilidad de la negociación es algo innato para algunos y que podría ser aprendido por otros, pero la negociación no es tan compleja como parece. Se basa en dos aspectos fundamentales, la lógica y el tacto. El único problema es que se tiende a camuflar estos dos aspectos con todo tipo de características de comportamiento no deseadas, como el ego, que los modifica completamente fuera de reconocimiento. Usted no quiere entrar en una discusión, y tampoco lo quiere nadie. Nadie tendrá intenciones negativas, y sabe que meterse en una riña no deseada por un asunto que puede ser resuelto amigablemente solo le llevará a perder su paz mental. En un intento de sentir que tiene razón o, más importante aún, que su oponente está equivocado, tiende a olvidar que habría sido mucho mejor poder decir: "Ves, te lo dije". Aquí es donde se necesita usar la negociación para lograr la paz y, por lo tanto, un éxito duradero.

Regla 1: Identificar los puntos en común

En primer lugar, es necesario entender que para que se produzca una negociación, es necesario encontrar un terreno común. Tomemos una situación común como una familia decidiendo un restaurante. Cada individuo de la familia puede tener un restaurante favorito diferente, pero su objetivo común es tener una comida relajada. Entender este objetivo común reducirá la cantidad de rivalidad entre hermanos al decidir un lugar de comida factible que satisfaga las necesidades de todos.

Para llegar a un terreno común, hay que pensar en formas de esbozar la negociación para poder trabajar en conjunto para resolver el problema. Es importante recordar que su problema no es la persona que está frente a usted, sino el asunto en cuestión. Debe tener en cuenta que no se opone a su oponente, sino a su postura sobre el asunto. Debe entender que, en la negociación, el objetivo nunca es crear un ganador y un perdedor, sino crear una situación en la que ambos ganen. Debe darse cuenta de que, al querer lograrlo, está dejando de lado esa mentalidad competitiva que da lugar a un lenguaje corporal no deseado, al tono indeseable en el habla y a la elección de palabras no deseadas.

Esto abrirá las puertas a la realización de los objetivos básicos en los que se podría trabajar en colaboración para cumplir con el núcleo común. Esto también lo llevará a estar abierto a las razones de otros sobre el tema y lo llevará al siguiente paso como lo proponen Joseph O'Connor y John Seymour en su libro "*Subir de nivel*".

Regla 2: Subir de nivel

El siguiente paso en la negociación sería que usted diera un paso arriba. Al subir, la intención es identificar los objetivos más pequeños como escalones para alcanzar un objetivo mayor. Por ejemplo, digamos que su objetivo final es obtener un título avanzado en algún campo en particular. Tendrá que dividir su objetivo mayor en objetivos más pequeños y mucho más manejables, como encontrar una escuela cuyo plan de estudios y horarios se ajusten a sus requisitos de aprendizaje y a su apretada agenda.

Al subir de nivel en una negociación, verá el panorama general, tenderá a generalizar las intenciones y podrá identificar más opciones para resolver el problema que una sola opción no comprometedora. Otro beneficio de subir el nivel es que, casi siempre le recuerda que el objetivo del desacuerdo no es el desacuerdo en absoluto, sino que está vinculado a algo más amplio y común para ambas partes. Por lo tanto, es muy importante que cuando surja un desacuerdo, usted de un paso arriba antes de que la disputa evolucione, dejando a ambas partes en peligro.

Regla 3: Nunca refute

La siguiente técnica que debe tener en cuenta es no replicar nunca. Cuando se sugiere una idea, significa que la persona que la proporciona tuvo que invertir en mucho pensamiento antes de que fuera sugerida. Esto significaría que sería muy sensible a cualquier oposición que pudiera surgir en su camino. La mejor manera de negociarla sería darle algún tiempo, mirarla desde su perspectiva y considerar si la idea sugerida tiene algún tipo de credibilidad. En lugar de desaprobarla rotundamente, es mejor mostrarles los defectos de su propuesta que decírselos. Las personas tienden a creer solo a través de la experiencia personal. Explicar más tarde su posición tendrá más sentido que si hubiera respondido al principio, y automáticamente verán sus razones de por qué no estaba de acuerdo al principio.

Regla 4: Interrogatorio

Cuestionar a su oponente de manera respetuosa es el siguiente paso importante para una negociación efectiva. Si encuentra un defecto en la propuesta de la persona, entonces formule una pregunta que haga que la persona se dé cuenta de su defecto. En lugar de declararlo abiertamente, lo que solo hará que la persona se ponga a la defensiva, las preguntas inteligentes son sus armas de negociación que pueden ser utilizadas para romper la propuesta de la oposición de una manera educada, mientras que al mismo tiempo los lleva hacia su idea.

La mejor manera de hacer una pregunta es pedir permiso antes de hacerla, como "¿Le importaría responder algunas preguntas para satisfacer mi curiosidad?". Esto elevará su imagen y respeto a los ojos de su oposición, sin mencionar que se le garantizarán respuestas, ya que no pueden eludir responderlas una vez que han dado su consentimiento.

Regla 5: Escenario hipotético

Si nada de lo que hemos discutido parece funcionar para usted, intente guiar a su oponente lejos de la negociación. Puede hacerlo cambiando inteligentemente las vías de la discusión hacia un escenario hipotético usando un discurso persuasivo como "¿bajo qué circunstancias consentirá mi propuesta?".

Esto arrinconará a su oponente para que establezca la(s) condición(es) que le asegurará(n) una negociación exitosa, siempre que usted pueda cumplirlas. Si usted es un adolescente que está pidiendo permiso a sus padres para asistir al baile de graduación y no está teniendo ningún progreso convenciéndolos, trate de preguntar a sus padres qué es lo que requerirían de usted para dar su consentimiento. Esto los obligará a darle una respuesta, que luego puede usar para obtener lo que usted desea.

Regla 6: Resistencia a la instigación

Aprenda el arte de cambiar las condiciones de su oponente. Esto es necesario solo si se le ridiculiza por su postura. Por ejemplo, si usted ha propuesto una idea que está totalmente fuera de contexto y es inconsistente con las sugerencias de los demás, las personas van a lanzar comentarios sarcásticos hacia usted para desequilibrarlo. Las frases más comunes que puede encontrar incluyen "¿En serio? ¿Usted seguiría adelante con ese plan?", o "¿En serio? ¿Es esa su justificación para toda la situación?".

Normalmente lo que pasaría es que usted trataría de buscar una explicación diferente y más plausible para sus palabras. Absténgase de hacerlo. En su lugar, sea firme y mantenga su posición respondiendo con calma, "Sí, esto es todo lo que tengo que decir", o, "Sí, lo ha oído bien; ese es mi plan". Esto hará que su audiencia se desanime y que se peleen por las razones para tratar de derribar sus sugerencias. Si opta por la reacción anterior, tratando de revisar su idea para que sea más aceptable, solo estará representando una personalidad débil y una mente indecisa que no se sostendrá en una negociación.

Herramientas de Persuasión

¿Cómo puede convencer a las personas de que tiene toda la razón en su postura? A continuación, hay dos poderosas tácticas que usted podría argumentar que son hábitos comunes en las conversaciones, pero que podrían ser usadas para dirigir la mente inconsciente de su cliente, cónyuge o cualquier oponente para que acepte su idea sin ninguna duda.

La buena opción versus la muy mala opción

Una forma efectiva de presentar su sugerencia sería exagerar sus beneficios en contraste con una alternativa negativa amplificada.

Tome el ejemplo anterior de decidir un lugar para cenar con su familia. Puede que usted quiera comer saludablemente, así que le sugiere un restaurante vegetariano. Sus hermanos podrían querer comer chatarra, así que sugieren hamburguesas. Normalmente, todos gritarían sus elecciones individuales hasta el punto de poner nerviosos a sus padres y luego terminarían comiendo en un restaurante totalmente extraño elegido por su padre.

Así es como se cambia la escena a su favor. Recuerde que la forma en que enmarque su sugerencia tiene un profundo impacto en el resultado de la negociación. Una forma efectiva de presentar su idea es hacer una comparación entre las opciones disponibles presentando su idea como la mejor opción y destacando los inconvenientes de otras opciones. Por ejemplo, "¿Quieren comer una comida sana en Calorie Counter o comer hamburguesas y aumentar sus posibilidades de desarrollar colesterol alto?".

Esto le da un giro a la negociación porque ya no es una negociación solo de comensales, sino una opción entre el bienestar y las opciones de mala salud. Pruebe esta táctica una vez, y verá lo efectiva que es.

Observe las opciones disponibles en términos de eventos cotidianos hipotéticos.

Compare sus opciones con los eventos cotidianos de la vida. Esto le da contexto a su negociación añadiendo una nueva dimensión más simple a toda la discusión. Por ejemplo, cuando usted está tratando de decidir entre dos vestidos, uno que cuesta 100 dólares y otro que cuesta 75 dólares, lo más probable es que calcule cuántos días de ahorro se van a invertir en este único vestido. Otra forma de verlo será equiparar el costo a un gasto diario suyo, que puede ser sacrificado por un corto tiempo. Así que en lugar de ver el caro vestido como algo que le costará 2 meses de ahorro, intente verlo como tomar un metro para ir al trabajo en lugar de un taxi durante un mes (el ahorro será el coste de su vestido).

Del mismo modo, puede utilizar esta táctica cuando trate de persuadir a alguien para que compre un producto costoso; por ejemplo, una batidora. En lugar de tratar de hacer un trato interminable con sus clientes, sería más eficaz equiparar la utilidad del producto con la eficiencia y las características de ahorro de tiempo que atraigan a los clientes.

Capítulo 7: Conviértase en un influencer social a través de la PNL

Hasta ahora, ha estado leyendo sobre diferentes técnicas de la PNL que pueden ser utilizadas para aumentar la eficiencia en la comunicación dentro y entre las personas. Ahora es el momento de ponerlo todo en práctica y probar para ver si ha comprendido completamente los conceptos. Entonces, ¿cómo va a utilizar las habilidades de PNL que ha adquirido para convertirse en un influencer social exitoso?

¿Qué es la influencia social?

La influencia social es el cambio consciente o subconsciente en el comportamiento de una persona como resultado de la exposición a presiones sociales. Por lo tanto, si usted es un influencer social y está practicando la PNL, su objetivo es causar un cambio en el comportamiento de otra persona mediante la aplicación de ciertas técnicas de la PNL.

Sería útil estudiar a los influencers sociales prominentes de hoy en día y observar los métodos que utilizan para ganar la conformidad de sus audiencias. Consideremos el ejemplo de la Internet. La Internet es la mayor forma de comunicación del mundo, que influye en todos los individuos, aunque no sean usuarios directos de Internet. Otros influencers sociales son los políticos que hacen constantemente campañas para tratar de persuadir a la gente de que los elija para el poder. Entonces, ¿cómo se puede ser un influencer social en Internet?

Cómo influir en Internet

Aquí hay algunos consejos útiles que le asegurarán un gran número de seguidores:

• Descríbase como un personaje multidimensional. A la gente le encanta el cambio, y una personalidad con muchos ángulos despierta su curiosidad, lo que les mantendrá en sintonía con tu actuación.

• Identifique sus fortalezas y úselas a su favor. Reconozca cuáles de sus rasgos captan la atención de su público (por ejemplo, la buena apariencia o una voz convincente). Utilice estas cualidades sabiamente para parecer humilde y conectar con el público en lugar de hacer alarde de sí mismo, lo que le hará arrogante a los ojos de sus seguidores.

• Conecte con su público. Preséntese de una manera aparentemente accesible para que comparta algún punto en común con el público. Si la gente puede relacionarse con usted, tienes más posibilidades de formar parte de su círculo de influencia.

• La emoción. El único instrumento efectivo que asegurará un lugar en la mente de tu audiencia. No vacile o tenga temor de mostrar emociones, ya que esto solo lo hace más humano y le permite llegar a sus espectadores en un nivel primario.

• Sea realista. Presente su caso de manera realista en lugar de tratar de prometer el universo entero, lo cual no es algo que pueda lograr.

• Utilice un sistema de refuerzo en el que su público tenga algo que ganar al apoyarlo. Esto creará una sensación de esperanza, que los animará a seguir en sintonía con usted.

• Preste atención a la retroalimentación. Utilice las críticas que se dirigen a su forma de frenar y reformarse. Si usted quiere ser un influencer social exitoso, necesita convertirse en la persona que el público busca. Solo así podrá ganarse su apoyo.

• Construir el suspenso. Crear un sentido de anticipación que deje al público deseando su próxima actuación. Esta es la táctica utilizada en las series de televisión, donde cada episodio termina en una nube de suspenso.

Utilizando la PNL para convertirse en un influencer social exitoso

No importa en qué escala usted desea influenciar, ya sea a las masas o a un solo individuo; si usted es una madre que quiere tener una influencia positiva en sus hijos o alguien que quiere sellar un trato multimillonario, usted necesita ser capaz de llegar primero a su audiencia. Este capítulo está dedicado a entrenarlo para que adapte las cualidades que lo ayudarán a conectarse con su público e influir en él con éxito.

Aquí hay algunas reglas prácticas de la PNL, que puede tener en cuenta mientras trata de persuadir a alguien.

1) Es más fácil cambiar su percepción de la realidad que cambiar la realidad.

Esta es una extrapolación de lo que aprendió en el capítulo dos sobre "encuadre y reencuadre". En el capítulo dos, usted lee acerca de cómo los eventos, en la realidad, no tienen otro significado que el que se les atribuye. En un momento determinado de la vida, se le bombardea con millones de estímulos sensoriales en forma de visiones, sonidos, olores y sensaciones táctiles; sin embargo, usted solo elige centrar su atención en estímulos selectivos, y este enfoque suyo define el significado de esa realidad para usted.

Puntos a recordar:

• No hay una realidad estática.

• Cada individuo tiene su propia percepción de la realidad.

Cuando usted está sentado en una sala de conferencias puede escuchar al conferencista, observar a todas las personas sentadas a su alrededor, escuchar los sonidos de los vehículos que pasan, sentir la temperatura de la habitación, etc. Aun así, usted elige ignorar todo y solo se centra en lo que se está discutiendo en la conferencia. Mientras que usted puede resumir su experiencia como el contenido de la conferencia, alguien más que se durmió durante la conferencia tendrá una percepción diferente de la misma.

2) Cuando usted se comunica, es su responsabilidad controlar la reacción de la otra persona.

Un error común es que lo que usted dice es lo que la otra persona escucha. Bueno, no siempre es tan simple. Puede ser cierto si usted está hablando con su clon o con alguien que está en total sintonía con usted porque ambos están pensando y hablando en la misma longitud de onda. Sin embargo, lo más frecuente es que intente persuadir e influir en alguien que no está en sintonía con usted. Por lo tanto, lo que usted dice no es la misma información que se registra en sus mentes. Es su percepción de lo que usted dice lo que se registra.

¿Alguna vez ha tenido un caso en la vida en el que dijo algo neutral como "Cariño, tu cocina sabe diferente hoy", y su cónyuge simplemente salta sobre su argumento y le replica "¡Eres tan desagradecido! ¡Siempre quejándote de mis habilidades culinarias!", y usted mira sorprendido, preguntándose qué desencadenó este repentino arrebato.

Entonces, ¿cómo controla las percepciones de los demás cuando se comunica?

Usted consigue esto tomando la responsabilidad de la reacción de la otra persona a su declaración. En lugar de decir lo que le gustaría decir, se toma un momento para analizar la situación y decir lo que la otra persona quiere oír en su propio idioma. Para ello, tiene que estudiar a la persona, sus niveles de sensibilidad, sus emociones, su lenguaje corporal, sus expresiones faciales, sus creencias, etc. y obtener una comprensión completa de sus procesos de pensamiento antes de intentar influir en ellos. Usted necesita empatizar con la gente para ser persuasivo.

La próxima vez que quiera elogiar la cocina de su esposa, averigüe su estado de ánimo y comunique su opinión directamente diciendo "Cariño, tu cocina es simplemente deliciosa hoy", en lugar de ser vago y dejar espacio para los malentendidos. Una declaración neutral puede ser analizada tanto de manera positiva como negativa.

Darse cuenta de este hecho, de que las personas pueden requerir algo diferente de lo que usted tiene que decir, es vital para obtener un poder influyente sobre otro. Si puede ofrecer lo que la persona busca de usted en la comunicación, está obligado a tener éxito en su objetivo de dirigir a la persona hacia su objetivo.

Volvamos a la premisa del capítulo cuatro sobre el "Anclaje", en el que se afirmaba que las personas se asocian con aquellos que son similares a ellas. ¿No se superponen estas ideas?

Entonces, si puede empatizar y sonar similar a su audiencia hablándole en un lenguaje que pueda entender, usted tiene una mayor posibilidad de influenciarlo. Por eso se encuentra a los líderes políticos abordando diferentes temas en diferentes lugares. Su principal objetivo es ganar el apoyo del público, pero no lo consiguen pidiendo explícitamente a la gente que los apoye. En su lugar, hacen campaña, donde destacan ciertos temas persistentes en las localidades rurales. Este es un método de transmitir su mensaje de una manera que sea aceptable para su público. Al abordar los problemas de las masas, parecen estar cargando con sus preocupaciones y, al hacerlo, salvando la brecha entre ellas, lo que da a los políticos una ventaja para ganar el apoyo del público.

3) El comportamiento humano siempre es racional.

Otra extrapolación del capítulo dos afirma que hay una intención positiva que motiva cada comportamiento, y en algún contexto, cada comportamiento tiene valor.

Reconocer este principio de la PNL le permite tener una mente abierta y es extremadamente útil cuando se analiza el propósito del comportamiento de otra persona. Así que incluso si alguien hace algo que podría parecerte extraño o inaceptable, todavía intenta averiguar la intención positiva que rige toda la acción. Es interesante que usted pueda descubrir que la persona que robó la comida lo hizo para alimentar a su familia hambrienta, lo que arroja mucha luz sobre la situación cuando usted trata de influir y guiar a la persona hacia una solución más productiva. En esencia, no hay "malas personas" en la sociedad, y al destacar las intenciones positivas de las personas pueden llegar a verse a sí mismas más favorablemente, lo que se extiende a que sean susceptibles de alternativas positivas sugeridas por ellos mismos o por una fuente externa.

Capturando la mente del público

Para ser capaz de persuadir a un público, usted necesita ser capaz de CAPTURAR sus mentes y dirigirlas a donde usted quiere que se encuentren. Muchas de las técnicas utilizadas en la PNL se llevan a cabo de manera inconsciente, y se podría argumentar que todas estas técnicas son una cuestión de simple sentido común. Pero desafortunadamente, el sentido común no es muy común. Por lo tanto, aquí está el método CAPTURAR al aplicar el sentido común a sus comunicaciones diarias, que le permitirá retener la mente de la persona y guiarla hacia su objetivo.

• Reunir inteligencia (G)

¿Qué es lo primero que usted necesita hacer antes de comenzar una tarea?

Usted necesita recopilar información sobre el trabajo.

La influencia social no es diferente. Usted necesita reunir información sobre su público antes de acercarse a ellos inicialmente. La información sobre su oponente puede ser en forma de sus nociones preconcebidas, así como hechos en tiempo real como la postura corporal, las expresiones faciales, la moda, etc. La elaboración de un portafolio mental sobre su público le ayudará a reconocer qué tipo de enfoques serán aceptables y qué debe evitarse. Es similar al punto 2 mencionado anteriormente, en el que se estudia a su público para asegurarse de que presenta su mensaje de la manera que ellos esperan oír.

- Reducir la resistencia (R)

Las personas están programadas naturalmente para resistir cualquier intento de persuasión. Es un tipo de mecanismo de defensa en el que se involucra el cuerpo para repeler todas las formas de influencia y mantener los puntos de vista originales del yo. Como un influencer social efectivo, su tarea es romper esta barrera natural erigida por el yo y llegar a la mente de la persona. Usted puede lograr esto fácilmente a través del rapport, que se discutió en detalle en el capítulo tres.

- Inducir el control (I)

Las personas solo se resisten a la influencia a un nivel consciente. Una ruta alternativa para manipular a los individuos es apuntar a la mente subconsciente. Usted puede hacer esto usando disparadores automáticos a los que la mente está programada para reaccionar. Una premisa común de la mente humana es que debe hacer más para evitar la pérdida de algo que para ganar algo. ¿Alguna vez ha escuchado el proverbio, "La ausencia hace que el corazón se encariñe"? Así que, si puede introducir el desencadenante de la escasez conectando su mensaje con la pérdida de algo que importa a su audiencia, ha logrado activar la mente subconsciente, lo que le asegurará que su mensaje se registre a un nivel central.

- Posición (P)

Se refiere a la imagen de sí mismo en la mente de su público. Las personas construyen imágenes mentales de los demás, dependiendo del propósito de su relación. En otras palabras, las personas eligen estar en compañía de otros ya sea para ganar algo, para protegerse de perder algo, o simplemente para entretenerse. Por lo tanto, es su responsabilidad posicionarse como el mejor candidato para cualquier propósito que desee servir.

- Mantener la posición (S)

Una vez establecida su posición en la mente del público, es necesario mantener esa posición manteniéndose en contacto con ellos a lo largo del tiempo. Usted no puede convertirse en un influencer social en un simple encuentro. Es una habilidad que requiere tiempo y consistencia. El seguimiento de sus seguidores o clientes, ya sea a través de mensajes o llamadas, asegurará que usted sea recordado frecuentemente, fortaleciendo así su posición en sus mentes.

Capítulo ocho: La PNL transformadora para la positividad y la confianza

PNL para la positividad y la confianza

El primer término de la "Programación Neurolingüística" se refiere a cómo su mente activa las neuronas cuando está en el proceso de aprendizaje. Es significativo tener en cuenta que entrenar su mente aprendiendo algo puede ser positivo o negativo. Usted puede aprender algo que puede tener un impacto positivo en su vida, o también puede aprender algo que puede tener un impacto negativo en su vida.

El siguiente término, "lingüístico", se utiliza en relación con la forma en que el lenguaje juega un tremendo papel en la construcción de la realidad. Los términos que usamos en nuestro lenguaje tienen un enorme impacto en cómo percibimos el mundo que nos rodea.

El siguiente término es "programación" que afirma que todos nosotros hemos sido programados por los lenguajes que usamos y las creencias que sostenemos.

Todo el concepto declara que modificando nuestras creencias y el lenguaje podemos reconstruirnos en mejores seres humanos. Usted puede hacer cambios positivos en su vida. Puede aumentar su nivel de confianza y eliminar los valores y creencias negativas que le influyen negativamente. Los objetivos que establece y el camino que recorre puede ser escogido conscientemente por usted.

Aumente su positividad con la PNL

Como humanos, estamos estructurados de tal manera que tendemos a prestar más atención a lo negativo que a lo positivo. ¿Cómo nos entrenamos para superar esta negatividad? Entrenar nuestra mente a la positividad y al pensamiento positivo no es tan complicado como se cree; es simplemente una cuestión de reconstruir la mente inconsciente. Para llevar su vida con la positividad, debe creer que sucederán cosas buenas en lugar de creer siempre que lo peor podría ocurrir.

Usted necesita tomar el control de algunas cosas para ser más positivo

1. Creer que cada comportamiento o acción tiene una intención positiva: entrenando su mente para hacerlo, le será fácil tratar con cualquier tipo de ser humano.

2. Preste atención a todo lo que le rodea con todos los sentidos que tiene: intente prestar atención a cosas más positivas en lugar de negativas y regístrelas en algo que pueda revisar antes de terminar el día. Intente ser más consciente y estar atento a lo que pasa en su cabeza. Hágase preguntas, ¿es útil? ¿Me va a ayudar? Y nunca se olvide de apreciar las cosas que le hacen sentir bien.

3. Desarrolle la elasticidad para seleccionar a lo que usted elige para prestar atención. Tenga en cuenta que cuanto más flexible sea, más resultados positivos obtendrá porque cuando pueda cambiar su comportamiento, podrá cambiar sus pensamientos. También debemos omitir las cosas que causan perturbaciones.

4. Intente ponerse en la posición de otra persona: al permitir que su mente haga esto, podrá llevarse bien con los que le causan molestias.

5. Busque modelos de conducta que difundan la positividad: tome nota de las cosas que estos individuos hacen y cómo mantienen sus cualidades.

6. Establezca el rapport: no es necesario que quiera a todos los que conoce, pero para mantener su mente en un estado positivo tenga empatía hacia todos.

7. El cuerpo y la mente frente a las emociones negativas: recuerde que su cuerpo y su mente están siempre interconectados; para mantenerlos a ambos sanos es necesario alejarse de sus emociones negativas. Aférrese a las emociones positivas y a las emociones que le dan consuelo.

8. Realice acciones: levántese, sonría, dese una palmadita; estas acciones inducirán cambios fisiológicos que tendrán un tremendo impacto en su salud mental.

La PNL lo entrena para ganar confianza

La PNL es una herramienta importante que es manejada por profesionales y entrenadores para guiarlo a ganar y fortalecer su confianza. Esta confianza es igual a la que se obtiene a través de experiencias de la vida real. Aunque la confianza es algo que se puede ganar a través de diferentes técnicas, la mayoría de nosotros carecemos de esta habilidad debido a experiencias pasadas que han tenido lugar en nuestras vidas. La confianza no consiste en sentirse orgulloso de uno mismo poniendo a los demás en una posición más baja, sino en el valor de sostenerse más alto cada vez que algo sucede.

El siguiente escenario presenta un ciclo de confianza negativa.

Situación actual: *Me presentaré a mis exámenes. ¿Cuáles son mis sentimientos al respecto?*

La memoria: *La última vez yo fallé en mis exámenes. Esta vez también fallaré, y mis compañeros de clase se burlarán de mí.*

Emociones: *No dejaré que esto vuelva a suceder. Oh Dios mío, estoy preocupado.*

Efectos neurofísicos: *Ansiedad e incapacidad para relajarse.*

El siguiente escenario presenta un ciclo de confianza positiva.

Situación actual: *Me enfrentaré a mis exámenes.*

La memoria: *La última vez yo pasé mis exámenes, y estaba feliz. Mis compañeros de clase me apreciaban.*

Emociones: *La última vez obtuve buenos resultados y me encantó la sensación de haber aprobado mis exámenes.*

Efectos neurofísicos: *Se siente bien, feliz y emocionado.*

Las siguientes son algunas técnicas propuestas por la PNL para fortalecer y ganar confianza.

1. Evite mantener la confianza en el asombro.

Si usted es una persona que está tratando de mantener la confianza con preocupación y pánico, entonces su mente le hará sentir que la confianza es algo difícil de manejar. Usted necesita entrenar su mente para entender que la confianza es una cosa pequeña que es fácil de manejar.

2. Imagine su confianza como un aura dorada a su alrededor.

Imagínese siendo un individuo extremadamente confiado; la gente va a amarlo porque no le teme a nada, camina y habla con confianza.

3. Sienta cómo le hace sentir el estar 100% seguro de sí mismo tanto en el entorno conocido como en el desconocido.

Crea en sí mismo y preste atención a un recuerdo en el que estaba 100% seguro.

4. Avanzar hacia el futuro.

¿Ha pensado alguna vez en una situación que va a dar lugar a una discusión en el futuro, y que le ha hecho sentir irritado y enfadado? ¿Por qué no se imagina la misma situación con un resultado positivo? Al entrenar su mente para obtener un resultado positivo, usted será capaz de arreglar su mente para obtener resultados positivos.

5. Altere su diálogo personal.

Preste mucha atención a la procedencia de la voz negativa. ¿Está en el lado derecho de su cabeza? ¿En el lado izquierdo? ¿Dónde está? Ahora intente cambiar la voz que le hace sentir incómodo; dele una voz agradable, intente cambiar lo que dice la voz y cambie el lugar de donde viene la voz. Esta técnica puede ayudar a reducir estos pensamientos negativos sobre sí mismo.

6.   Imagínese a sí mismo.

Imagínese confiando en la situación en la que cree que no tendrá suficiente confianza. Aunque sea imaginación, su mente no podrá diferenciar entre la realidad y la imaginación. Esta técnica le ayuda a aumentar su nivel de confianza.

Una poderosa herramienta para deshacerse de la ansiedad

La ansiedad es la respuesta automática e innata del cuerpo que se produce debido al estrés por el que usted atraviesa. También puede describirse como la sensación de miedo y preocupación por algo en el futuro. La ansiedad es de diferentes tipos que se clasifican según el grado en que se produce. Una de las herramientas más poderosas que se utilizan para guiar a los individuos con ansiedad es la PNL.

1.   Manténgase a "usted" en la parte superior de la lista de prioridades.

Dese el tiempo suficiente. Una de las cosas más negativas que hacemos es olvidarnos de tratarnos a nosotros mismos; esto puede ser insalubre. Para tratarse a sí mismo, necesita comenzar su día haciendo algo que le guste, como bailar, correr, escuchar música, etc. Haciendo esto, puede gritarle al mundo de forma no verbal que usted es siempre el primero de su lista.

2.   Tenga en mente la sensación que desencadena su ansiedad.

Fantasee con el evento o la persona que causa la sensación de ansiedad en usted, preste atención a ello lo más cerca posible. Note dónde está el dolor en su cuerpo cuando comience a sentirse ansioso. ¿Está en su estómago? ¿En el pecho? ¿En las manos? ¿Dónde está? Preste atención a cómo estos sentimientos son inestables; no se quedan quietos. Se siguen moviendo de un lugar a otro. Note este dolor inestable e intente hacer que se mueva más rápido. En la etapa inicial, usted va a sentir dolor y sufrimiento, pero eso es una buena señal; significa que usted se controla a sí mismo y que un evento externo no lo está controlando.

3. Dé un color a esta inestable bola de dolor.

Dé a esta bola móvil un color rojo y ahora fíjese en la dirección en la que se mueve la bola. Ahora intente sacar este objeto fuera de su cuerpo y preste atención a él. Convierta la bola en un color azul a través de su imaginación y cambie su dirección de movimiento. Visualice esta bola azul moviéndose en la dirección opuesta dentro de su cuerpo. Ahora preste atención al movimiento de la bola, notará que este movimiento le da una sensación diferente, una sensación que es mucho mejor que la sensación que tuvo antes. Imagine algo que le haga sentir bien y le dé comodidad; preste atención a cómo le hace sentir, y luego mezcle esta sensación de comodidad con el objeto azul que está girando en usted. Preste atención a todo lo que está a su alrededor, incluyendo su respiración. Ahora relájese y cálmese.

4. Piense en cosas buenas antes de dormir.

No se permita pensar en cosas que le hayan impactado negativamente o que le parezcan problemáticas. Pensar en algo que le afecta negativamente antes de irse a la cama le hace estresarse, preocuparse y sentirse más ansioso. Intente terminar su día pensando y sintiendo cosas que causen respuestas positivas en su cuerpo.

Al entrenar su mente para aumentar la positividad y aumentar su confianza, podrá aumentar el nivel de estima que tiene sobre sí mismo. Usted será un individuo que se percibe a sí mismo y a los demás con más optimismo. Siguiendo estas técnicas, será capaz de desarrollarse como un individuo con empatía. Será capaz de enfrentar situaciones de la vida real con fuerza, poder y confianza, lo que le ayudará a llevar una vida más productiva y exitosa.

Capítulo 9: PNL de éxito: Consiga lo que quiera AHORA

¿Alguna vez ha tenido un momento en la vida en el que no sabía lo que quería? ¿O usted quería algo, pero no era capaz de lograrlo? ¿O simplemente no supo cómo lograrlo?

Todo el mundo experimenta reveses en la vida en algún momento. Las personas no siempre terminan logrando todos sus sueños. Hay momentos en la vida en los que las personas se ven obligadas a enfrentarse a la realidad y a reajustar sus objetivos. Las diferencias entre las personas radican en sus reacciones a estos contratiempos. Algunas personas pueden levantarse y caminar de nuevo mientras que otras permanecen caídas por más tiempo. Entonces, ¿cómo usted reacciona cuando se enfrenta a una situación así? Su reacción determinará el resultado del evento.

¿Alguna vez se ha preguntado por qué no ha sido capaz de lograr su objetivo? ¿Se ha preguntado alguna vez cómo alguien más se las arregló para alcanzar el mismo objetivo que usted no logró? ¿Sugiere eso que hay un ingrediente secreto para el éxito? ¿O es el éxito el resultado de la casualidad?

Sí, hay un ingrediente secreto para el éxito, y el éxito no es una función de mera casualidad. La única razón por la que usted no ha sido capaz de tener éxito todavía es que no es consciente o está ignorante de los secretos del éxito. De hecho, usted ya posee el ingrediente, por lo que solo es cuestión de aprovecharlo la próxima vez que intente alcanzar su objetivo.

Así es cómo logrará hacerlo bien esta vez. En el pasado, puede que lo haya intentado innumerables veces y no logró sus sueños, pero esta vez tiene una herramienta que puede utilizar para tener éxito - PNL.

Este capítulo está diseñado para ayudarlo a usar las técnicas de la PNL de manera efectiva para alcanzar sus objetivos en la vida. La fórmula definitiva para el éxito es ganar el control de su mente y usarla para diseñar su destino. Se basa en creer en sí mismo y en su capacidad para lograr lo que quiere. El éxito puede ser alcanzado si usted sale o rompe el círculo vicioso de fracaso que lo rodea y reemplaza esos sentimientos de insuficiencia y desesperanza con determinación y un diálogo interno positivo.

Los componentes de la PNL

Dividamos la PNL en sus subcomponentes y tratemos de identificar cómo esta herramienta puede ser usada para producir resultados en su vida.

"Neuro" se refiere al sistema nervioso de un individuo, que conecta el cerebro con su cuerpo. Los pensamientos y las emociones son generados por su mente, que es esencialmente su cerebro. Así que, según la PNL, ya que su cerebro y su cuerpo están vinculados, debería ser capaz de controlar sus pensamientos y emociones que, a su vez, afectarán a sus acciones.

Un problema común en las personas es que no tienen control sobre sus pensamientos y emociones. La mayoría de las personas permiten que las emociones los impulsen, lo que hace que las personas pierdan el control sobre sus vidas. Por lo tanto, si usted puede dominar la técnica de controlar su mente, puede ganar control sobre su vida y dirigirse hacia el logro de sus objetivos.

Según la PNL, todos los individuos comparten la misma neurobiología. Por lo tanto, si alguien más puede lograr algo, no hay razón para que usted no pueda hacer lo mismo. Es una cuestión de qué estrategia utiliza la que determinará si usted alcanza su objetivo o no.

Entonces, dé el primer paso para cambiar su percepción de la realidad entendiendo que no hay nada que no pueda lograr (siempre que sea algo que haya sido logrado por otra persona).

"Lingüístico" significa lenguaje o comunicación. En términos de la PNL, se refiere al efecto del lenguaje sobre los pensamientos y las emociones, que afectan a las acciones y los resultados. La PNL se centra en dos tipos de comunicaciones: interpersonal e intrapersonal. Mientras que los primeros capítulos de este libro se concentraron en mejorar los estilos de comunicación interpersonal (interacciones entre personas), este capítulo específico hace hincapié en la comunicación intrapersonal (interacción dentro del individuo).

¿Está sorprendido de oír que habla consigo mismo? Para aquellos de ustedes que tienen dudas, sí, definitivamente hablan consigo mismos diariamente. El diálogo interno es un modo primario de comunicarse consigo mismo. El diálogo interno puede ser positivo o negativo. Si se va a preguntar: "¿Por qué yo?", o se va a decir a sí mismo: "Esto siempre me pasa a mí" y "No puedo lograr nada en la vida", está instalando pensamientos negativos en sí mismo, lo que va a iniciar un círculo vicioso de pensamientos depresivos. En cambio, si usted utiliza una charla positiva como "¿Cómo puedo usar esta oportunidad para mejorarme?", o "¿Qué tengo que aprender de este revés en la vida?", replantear esto ayudará a crear una nueva experiencia.

Identifique el tipo de diálogo interno que usa en sí mismo y altérelo en consecuencia si es negativo.

"Programación" en la PNL se refiere a condicionarse a lo largo del tiempo para desarrollar ciertos hábitos exponiéndose repetidamente a los mismos estímulos. Así que, si se programa a sí mismo alimentando constantemente pensamientos y creencias positivas y motivadoras en su sistema, entonces con el tiempo, solo sentirá vibraciones positivas, lo que resultará en una mente sana y productiva. Pero si constantemente asocia la negatividad a las circunstancias, entonces usted condiciona su mente para que se vuelva insana, y una mente insana es improductiva.

Pregúntese, "¿Cuáles son los programas que dirigen su vida?" y reprograme cualquier hábito no saludable que gobierne sus acciones. Usando el anclaje de la PNL, reacondiciona sus miedos y los reemplaza con confianza; reemplace la pereza con motivación, la duda con certeza, y la desesperanza con determinación.

Si puede ganar competencia en la comunicación efectiva entre su mente y su cuerpo, ganar control de sus pensamientos y emociones, entender el lenguaje de su mente, e instalar programas productivos para ejecutar su vida, entonces usted está a solo un paso de obtener lo que quiere.

Los tres pasos para el éxito

El camino hacia el éxito se puede condensar en tres simples pasos.

1) Establezca objetivos precisos y claros.

Identificar qué es lo que usted quiere en la vida. Un problema común entre la mayoría de las personas es que no saben qué es exactamente lo que quieren en la vida. Podrían ser capaces de establecer lo que no quieren claramente, pero sus ideas sobre sus objetivos son vagas.

Hágase responsable de su destino e identifique qué es exactamente lo que quiere ser en el futuro. No espere a que las oportunidades llamen a su puerta. Usted mismo las crea diseñando su ecología. Ningún objetivo es inalcanzable si usted cree. Todo es cuestión de percepción. Si usted se programa a sí mismo para creer que es capaz de mejorar, entonces no hay nada que le impida ser quien quiere ser.

Emplearse a sí mismo. Si usted no persigue sus objetivos en la vida, entonces alguien más lo empleará para perseguir sus objetivos. Por lo tanto, es cuestión de decidir qué objetivo es prioritario para usted.

2) Estrategia.

Hay comportamientos y horarios específicos necesarios para alcanzar ciertos objetivos. Por ejemplo, si su objetivo es perder veinte kilos en seis meses, entonces hay un plan de dieta detallado que debe seguir para perder un cierto porcentaje de peso cada mes, que finalmente le dará sus resultados al final de los seis meses.

La planificación de su estrategia es vital para el éxito. Fallar en la planificación es planear el fracaso.

Si no puede diseñar un plan factible por sí mismo, modele el comportamiento de aquellos que han logrado objetivos similares a los suyos. Puede estar seguro de que, si sigue el camino del éxito anterior, le llevará al mismo destino.

3) Acción consistente.

Transforme su objetivo en una obsesión por la que trabaje todos los días. Haga algo a diario, por insignificante que sea, para acercarse a su objetivo. El mayor secreto del éxito en la vida es tomar medidas. Puede parecer un paso muy simple, pero ¿cuántas veces lo ha postergado en lugar de actuar? ¡La respuesta es prácticamente todos los días! ¿Y por qué lo ha postergado? Porque no tiene ganas de actuar.

Entonces, ¿cómo puede combatir este sentimiento suyo, que le impide progresar?

El anclaje, descrito en el capítulo 3, le proporcionará resultados instantáneos.

Una vez que usted toma la acción, obtiene resultados. Los resultados son de dos tipos: favorables y desfavorables. La mayoría de las veces, los resultados son desfavorables porque las posibilidades de que usted domine la estrategia para el éxito en el primer intento son muy poco probables. Se sorprenderá al ver que las personas verdaderamente exitosas han enfrentado numerosos fracasos; el secreto es no tener miedo al fracaso.

Entonces, ¿cómo reacciona ante los resultados desfavorables?

Usted puede:

i) Renunciar.

ii) Intentarlo de nuevo.

iii) Considerar su fracaso como una retroalimentación y cambie su estrategia e inténtelo de nuevo.

La tercera opción, por mucho, es la más productiva. Las dos primeras opciones no darán resultados positivos porque renunciar o intentarlo varias veces con la misma estrategia solo producirá los mismos resultados: la pérdida. Para salir victorioso en la vida, hay que ser flexible y cambiar su enfoque hacia la tarea hasta encontrar el ritmo correcto, que le dé los resultados esperados.

Recuerde que los tres pasos mencionados anteriormente son secuenciales. Así que, si un paso no funciona, regresa al paso anterior y reanude el proceso una vez más.

¿Cuál es la fuerza motriz de la vida?

¿Alguna vez ha experimentado un momento en su vida en el que estaba muy motivado para lograr algo, pero después de algún tiempo se sintió desmotivado para perseguir el objetivo?

A menudo, es porque a medida que usted envejece sus intereses y prioridades en la vida cambian. Entonces, lo que usted aspira como adolescente no es el mismo objetivo que cuando se convierte en un empresario. Por ejemplo, como un típico adolescente, su objetivo en la vida sería ser el primero de su clase y hacerse famoso. Pero una vez que alcanza los treinta años y tiene su propio negocio, ser el primero de su clase o hacerse famoso ya no está en su lista de necesidades. En cambio, su objetivo sería ser financieramente estable o comprar un pent-house.

Pero independientemente de la edad y los intereses, ¿cómo recuperar los altos niveles de energía que ha perdido repentinamente mientras intentaba alcanzar su objetivo?

Cuando usted sienta ganas de abandonar, recuerde por qué comenzó. Su propósito de lograr su objetivo sirve como combustible para sus acciones. Sus creencias, moral y valores en torno a sus metas lo impulsan a alcanzarlas. Así que, recuerde por qué inicialmente quiso alcanzar un objetivo en particular. Revivir esos pensamientos reavivará su espíritu y despertará la energía dentro de usted, alimentando sus acciones para que una vez más pueda dirigirse a su objetivo. Si es un hombre de negocios que ha experimentado una pérdida inesperada, puede sentirse desmotivado y sin esperanza.

Puede estar a punto de vender su negocio porque cree que es irrecuperable. Tómese un momento para recordar por qué invirtió inicialmente en el negocio. ¿Tiene un valor sentimental para usted, o está sirviendo a la humanidad a través de sus servicios? Un momento de introspección podría salvar sus esfuerzos de toda la vida.

El Gran Enemigo

¿Alguna vez se ha preguntado a quién se enfrenta en la vida? Usted es su mayor enemigo para lograr sus sueños. Los obstáculos en la vida solo le impedirán progresar si los ve como algo negativo. La negatividad solo proviene de su interior. Si cree que las circunstancias de la vida, el destino o los comentarios y acciones de otros le impiden alcanzar sus objetivos, entonces esta información es para usted.

Entienda que usted es responsable de su destino y de los resultados de sus acciones. Todo es cuestión de percepción cuando percibe un resultado desfavorable como un fracaso. Recuerde que el fracaso es solo una ilusión de la mente, que puede ser transformada en una oportunidad usando el reencuadre de la PNL.

Si usted es el hombre de negocios que ha enfrentado una pérdida, entonces gane la batalla con su mente y transforme la pérdida en una oportunidad para aprender lo que no se debe hacer en los negocios. Esto le permitirá crecer como individuo y le llevará a estándares más altos en su carrera.

La ley de la identidad y los factores que influyen en su identidad

Su identidad depende de su ecosistema y sus pilares internos. La ley de la identidad establece que lo que ve en sí mismo es lo que creará para usted en la vida.

Si se toma un momento para reflexionar sobre esta ley, se dará cuenta de que usted es el único diseñador de su destino. Usted tiene los secretos de su éxito. Su visión de sí mismo se convierte en su realidad. Así que, la próxima vez que se sienta desesperado, solo mírese en el espejo, identifique el reflejo, y determine si esa persona es quien usted quiere ser.

Su identidad se basa en cuatro pilares: psicología, fisiología, historia y filosofía. La psicología se refiere a cómo funciona su mente, la fisiología son sus posturas corporales y expresiones faciales, su historia consiste en sus experiencias pasadas, y su filosofía incluye sus creencias y valores. Estos cuatro factores se cruzan entre sí creando una ilusión que afecta a su identidad y a su percepción de la realidad. Quién es usted depende de su pasado, su sistema de creencias actual, su yo físico, y su manera de procesar la información.

Así que, cuando comience a intervenir consigo mismo, recuerde que cambiar un factor causará un cambio en otro pilar. Entonces, siga afinando hasta que encuentre la sincronía perfecta que apoye su identidad. Por ejemplo, si se enfrenta a un fracaso empresarial, su reacción ante él dependerá de si ha incurrido previamente en tales pérdidas, su reacción física, su percepción de la pérdida y su creencia subyacente en relación con esta circunstancia. Si desea cambiar su percepción, entonces tiene que dejar ir sus experiencias pasadas, desafiar sus creencias y reemplazar su ceño fruncido por una sonrisa.

Su ecología consiste en su entorno social, interno y físico.

Si usted puede adaptar su ecosistema y anclarse en su identidad, entonces puede estar seguro de tener el control y estar orientado a objetivos en sus acciones.

Usted podría argumentar que no tiene control sobre la ecología. Aunque puede ser cierto, todavía tiene control sobre la estrategia. Y usted puede crear un cambio si aprende el arte de apropiar su mente y reconfigurarla. Puede lograr esto solo si tiene una identidad dentro de usted de la que puede depender.

Crea que el éxito es posible. Entienda la correlación entre su entorno interno y externo. Si puede crear un cambio en su entorno interno, entonces producir un cambio en el entorno externo es simple. Así que, en lugar de centrar sus esfuerzos en cambiar las circunstancias externas de la vida, que no darán resultados si su entorno interno no es saludable, concéntrese en alterar su interior, lo que le garantizará la victoria.

Parte 3: La PNL oscura

Capítulo 10: ¿Es la PNL una forma de manipulación?

En este capítulo, nos adentraremos en el lado oscuro de la PNL y en cómo sus técnicas son empleadas por manipuladores, mentirosos y engañadores para su propio beneficio. Sin embargo, estas tácticas también pueden ser aplicadas por personas que solo quieren vender un producto, ser promovidos, o perseguir alguna otra causa menos reprensible. Por lo tanto, no pinten la PNL de una manera completamente negativa. El capítulo explica cómo la PNL como herramienta ayuda a la gente para su beneficio personal o sus objetivos diarios.

¿Qué es la manipulación?

La manipulación, según la definición del diccionario, es el proceso de controlar hábilmente (o influir en) una situación, un tema o un conjunto de eventos con la intención de utilizarlo para su propio beneficio.

En los casos en que la manipulación se ha cultivado, aceptado y arraigado en una cultura, cabe mencionar que la PNL tiene una historia compartida con esa cultura.

Esa es explícitamente la razón por la que la ética que implica el uso de la PNL está en la zona gris y a menudo es difícil de navegar.

¿Dónde traza un profesor la línea entre motivar a los estudiantes que fracasan para que lo hagan mejor y erosionar despiadadamente la salud mental de los estudiantes para mantener alto el porcentaje de notas promedio? ¿Cuándo un terapeuta está marcando la línea entre cambiar el mapa psicológico del mundo de una víctima de trauma y programar al asesino más infame del siglo?

La respuesta puede parecer esquiva, pero al final todo se reduce a una simple cosa: la intención del individuo.

Cómo utilizar la PNL como una herramienta útil para manipular

Sus intenciones son la única Estrella del Norte en un océano oscuro y solitario. Es lo único que diferencia a la PNL de la manipulación al servir como una herramienta útil para recordar el propósito real del uso de la PNL. Los estudios muestran que cuando se es innatamente consciente de sus objetivos, su cerebro trabaja sutilmente para alcanzarlos, incluso cuando no se está pensando activamente en ello. Se conoce como "pensamiento difuso" cuando usted permite que su mente deambule libremente, haciendo conexiones al azar. Es un proceso que abarca todas las partes del cerebro y se utiliza comúnmente para resolver problemas y conceptos difíciles. El verdadero motivo puede permanecer inalterado, en lo profundo de su subconsciente, mientras su cerebro trabaja a su alrededor, tratando de idear formas y planes para lograrlo. La PNL es un conjunto de habilidades que le permite a usted, como usuario, tener el control de su propia mente consciente e inconsciente.

Sin embargo, eso no significa que la PNL no tenga éxito si las intenciones del usuario son inmorales. Es posible imbuir esos hábitos que se sabía que eran practicados por personajes históricamente desagradables como criminales y terroristas; así, el paciente puede convertirse en el próximo terrorista revolucionario que inaugure una nueva era, o incluso reinventar completamente la violencia moderna tal como la conocemos. Este es un ejemplo de los casos más extremos. Una manipulación más sutil, del tipo que puede no llegar a los titulares y a las noticias de la mañana, puede ser igualmente mortal.

Por ejemplo, considere este escenario hipotético entre dos bufetes de abogados rivales, ambos compitiendo por el mismo gran cliente. El bufete "A" planea manipular la elección del cliente presentando a su bufete rival de mala manera. Esto se hace contratando a un programador para que asista a las sesiones regulares de consejería del abogado principal del bufete 'B' y torcer sutilmente la visión del paciente sobre su relación con su cónyuge, plantando sugerencias subconscientes de problemas en la relación que no existen. Esta técnica entraría en la categoría de manipulación en los tribunales, con o sin el uso de la PNL.

Otro ejemplo de manipulación que su cerebro no reconoce comúnmente porque los humanos son criaturas compasivas es la manipulación emocional hecha por los mendigos. Aunque hay un porcentaje de mendigos "honestos", que son verdaderamente desamparados y luchan por sobrevivir, hay una asombrosa mayoría de aquellos cuyo oficio es la mendicidad.

Es bastante popular en la región del sur de Asia, y los manipuladores a menudo se visten con ropa irregular y tienen la cara sucia. Usan palabras y comportamientos para jugar con las emociones y tratar de convencer a la gente de que necesitan dinero. Muchos incluso van más allá y contratan niños por el día, solo para restregárselo. La manipulación se hace tan bien que, tanto si se han entrenado en las técnicas de la PNL como si no, son muy buenos en ello.

Por otra parte, los programadores de la PNL contratados para realizar talleres regulares en las empresas (como nuestros hipotéticos bufetes de abogados, por ejemplo) lo utilizan como una herramienta para ayudar a impulsar la motivación de los empleados, y los alientan a adquirir nuevas habilidades que se han atribuido a personas muy exitosas, en un intento de mejorar la productividad general de los trabajadores y la actitud de los empleados en la empresa. Es una técnica que ha dado resultados positivos.

Del mismo modo, como se utiliza en los negocios para inspirar a los trabajadores, también es común que un vendedor a domicilio la emplee para vender el mayor número posible de productos y ganar mayores comisiones.

Los programadores personales trabajan con sus clientes para ayudarles a reparar las relaciones con sus amigos y familiares, ayudando a rectificar y resolver conflictos. La PNL también se utiliza clínicamente para curar enfermedades mentales como el trastorno de estrés postraumático, el trastorno de ansiedad generalizada, las fobias, la ansiedad, la paranoia e incluso el abuso de sustancias.

Hay muchos más casos en los que se emplea la PNL, para bien y para mal, pero la verdad que prevalece es que la PNL en sí misma no es culpable.

Como cualquier técnica o producto, hay usuarios y abusadores.

La cosa que se está (ab)usando es inocente del crimen del (abusador)usuario. Son los abusadores de la PNL con motivos inmorales y nefastos los que han dado mala fama a la técnica de desarrollo personal y psicoterapia tan bien intencionada por Brandler y Grinder.

Capítulo 11: El amable manipulador

¡Técnicas de manipulación que no son tan malas!

Este capítulo explica en detalle algunas técnicas importantes de manipulación de la PNL que podrían utilizarse para manipular sutilmente a alguien para obtener algo positivo o dirigir a alguien que podría necesitar un pequeño empujón.

Muchos de nosotros no podemos negar que hemos sido tentados a utilizar la manipulación en diferentes instancias durante nuestra vida; ya sea diciendo una pequeña mentira para salir de una situación mala o vergonzosa, usando adulación y coqueteo para vender un producto o salirnos con la nuestra, todos hemos utilizado la manipulación para tratar de conseguir lo que queremos. Sin embargo, no categorizaríamos eso como intencionalmente perjudicial o abusivo para la causa o la persona, dado que, en el momento de hacerlo, pensamos que era el curso de acción más adecuado para el asunto en cuestión. La consecuencia de este resultado puede haber sido en nuestro beneficio o en el mejor interés de la otra persona o de ambas partes. Pero llamar a alguien manipulador es criticar el carácter de esa persona. La naturaleza humana se inclina naturalmente a ser manipuladora porque siempre estamos tratando de influenciarnos mutuamente en un momento dado.

Si usted trata de forzar o engañar a las personas para obtener lo que quiere, eventualmente lo descubrirán. Mentir y engañar son logros a corto plazo: no crean confianza ni forman relaciones beneficiosas. Cuando usted ve la PNL desde una luz positiva, su propósito singular puede ser justificado como una causa digna.

La PNL es un proceso multidimensional que contiene una progresión de capacidades y métodos de colaboración, pensamiento cuidadoso, y una comprensión de los procesos emocionales y racionales involucrados en el comportamiento humano. Como tal, ofrece un conjunto de herramientas y habilidades utilizadas para el desarrollo de las diversas fases de la excelencia individual.

Este tipo de construcción nivel por nivel es el verdadero secreto para "conseguir que alguien haga lo que queremos", pero eso es decirlo crudamente. Cuando la persona sobre la que queremos influir no es solo la otra persona, sino también nosotros mismos, este tipo de esfuerzo puede tener un montón de resultados fructíferos que a menudo se olvidan entre las formas más oscuras y misteriosas de la PNL, o "manipulación".

¿Recuerdas los tres factores básicos del nombre de la PNL?

"Neuro" el proceso de entender el uso de sus sentidos al sentir, ver, oír, oler y saborear. Nuestro sistema nervioso procesa nuestra comprensión del mundo que nos rodea a través de las experiencias de nuestros sentidos.

"Lingüístico" nuestro proceso mental de comprensión se transfiere y se le da significado usando el lenguaje. La forma en que nos comunicamos con nosotros mismos y con los demás a nuestro alrededor es el sistema a través del cual damos sentido a nuestras experiencias.

"Programación" la manera en que usted planea sus ideas y acciones para lograr sus objetivos y específicos a través del resultado de su comportamiento.

¿Cómo se puede utilizar una combinación de estos tres factores para ayudar a desbloquear posibilidades ilimitadas en nosotros mismos y en los demás? ¿Cómo se supera el miedo y los recuerdos dolorosos, se deshace de los malos hábitos, se supera la depresión y la ansiedad, se adoptan nuevos hábitos, se mejora el comportamiento y los modales, se mejoran las habilidades sociales, se obtienen logros, se es mejor vendedor y se llega a ser mejor comunicador? Aquí es donde las técnicas de la PNL son útiles.

El uso de las técnicas de la PNL requiere mucho entrenamiento y práctica. Pero hay algunos métodos fáciles que puede utilizar en sus encuentros diarios. Ya sean amistades, relaciones familiares, y encuentros románticos o relaciones profesionales, las relaciones en nuestras vidas pueden ser sin duda complicadas. Pueden enriquecer nuestras vidas o hacerlas insoportables. Mientras no utilice estos métodos para herir a la gente, no es algo tan malo. La esencia de esto es la intención, como se mencionó en el capítulo anterior.

Veamos algunos métodos que han sido recomendados por los defensores de este estudio:

1. *Recomendando la investigación científica y el estudio del tema.* Hacer declaraciones factuales anima a una persona a prestarle atención. Hará que lo que diga parezca más válido.

Diga que quiere animar a un ser querido que tiene diabetes a adoptar alimentos más saludables y cambios en su estilo de vida. Si usted menciona un estudio extenso o una investigación comprobada que fue realizada por una universidad de renombre, es más probable que lo escuchen.

2. *Usando psicología inversa o comandos negativos* que provocan pensamientos específicos cuando declara exactamente lo contrario de lo que quiere decir. Esto funciona especialmente bien con los niños pequeños. El método convencional de trabajar con niños en el aprendizaje de la infancia temprana es prevenir y corregir el comportamiento "erróneo" que podría resultar en que el niño se cause daño a sí mismo o a otros.

Imagine que después de haber ordenado a su hijo pequeño que no se deslice por la barandilla de la escalera por el peligro de lesionarse, usted entonces, por molestia, ira o desesperación le pide que siga subiendo y bajando hasta que se caiga y se rompa la pierna. Luego, continúa, con que él no puede montar su bicicleta en el parque esa misma tarde donde ha planeado una salida con sus compañeros de juego. En un ataque de rebelión infantil, lo más probable es que evite las escaleras para disfrutar de la salida con sus amigos.

3. *Usar un tono de voz y expresiones faciales variadas* es un método poderoso si se usa apropiadamente. ¿Ha notado cómo nuestra voz termina en una nota alta al final de una pregunta y cómo está en una nota baja cuando hacemos una declaración o cuando damos órdenes? Lo mismo se aplica cuando queremos ganar una discusión o convencer a alguien.

4. *Creando un rapport o conectando con otra persona* para hacerla como usted. Esto requiere una sutil emulación del lenguaje corporal, el tono de voz y las palabras de la otra persona. Debe ser reflejado sin hacerlo demasiado obvio, o se vuelve espeluznante. Establecer el mismo tono de la conversación, por ejemplo, sonriendo de la misma manera, cruzando las piernas o inclinando la cabeza cuando la otra persona lo hace, y reflejando sus emociones.

5. *El anclaje* es otra técnica de la PNL; implica el uso de imágenes, palabras o gestos de una memoria emocional para desencadenar un sentimiento específico como la sensación de logro, de felicidad o de superación de los miedos o el malestar. Se puede utilizar en uno mismo o aplicarlo a otros.

6. *Aprovechar un momento oportuno para ofrecer ayuda o apoyo* para ganar su confianza o para "atraparlos" para que se sientan comprometidos con usted para que pueda lograr su objetivo.

Por ejemplo, puede ser un vendedor de puerta en puerta al final de un día infructuoso de tratar de convencer a amas de casa ocupadas de que compren un paquete de televisión por cable, y terminar en la puerta de una señora mayor y solitaria a la que no le importarían los pocos minutos de su compañía solo para escuchar lo que tiene que decir. Pero cuando usted se vuelve amigable y pregunta por su día, se da cuenta de que ella está preparando la comida, pero no es capaz de completar la tarea por sí misma, así que se ofrece a ayudarla. Viendo su buena naturaleza, ella accede. Entonces se siente obligada a devolver el favor comprando su paquete de televisión por cable. Usted tuvo éxito en la venta del día, y quizás esta cliente pueda recomendarlo a otros, abriendo así oportunidades para más ventas.

También se utiliza mucho en el mundo de los negocios para motivar e inspirar a los empleados a rendir más, alcanzar sus objetivos y mejorar la productividad, permitiendo la oportunidad de ayudarles a rendir al máximo. El resultado positivo de esto es que es beneficioso tanto para el empleado como para el empleador.

Por ejemplo, la "empresa A" desea vender instrumentos musicales a una gran base de clientes; necesita tener una campaña publicitaria exitosa, un paquete atractivo para el producto y un precio que sea psicológicamente atractivo para el cliente (de la forma en que los precios de tantos productos se fijan por debajo del número total, por ejemplo, 9,99 dólares, aliviando la conciencia del comprador al saber que no gastó ese dinero extra). También deben considerar la posibilidad de apelar al cliente a través de imágenes o de la representación de una historia, como la técnica de anclaje y las estrategias que ayudarían a influir en las decisiones humanas utilizando las emociones.

La PNL se utiliza en la publicidad para convencer al cliente de que busque productos que no están en su lista de deseos. Le da al cliente una falsa creencia de que necesita comprar este producto específico. La tarea es grande, teniendo que convencer a un público masivo con diferentes preferencias.

Conocer y comprender las técnicas más oscuras es beneficioso; después de todo, se hace difícil que alguien te manipule si reconoces los métodos. Y aprender sobre la PNL le ayudará a protegerse de aquellos que pueden querer aprovecharse de usted o usar sus vulnerabilidades en su beneficio.

Los depredadores sociópatas, narcisistas y psicópatas manipulan las técnicas de la PNL para abusar de una situación en su beneficio y explotar el equilibrio de poder para servir a su agenda. Pueden usar recuerdos felices y sabotear eventos especiales para hacerle sentir amenazado con un comportamiento horrible. Pueden influenciar psicológicamente a los más crédulos de nosotros para que cometan actos que van en contra de nuestra voluntad o pueden usar el acto del "chico bueno" de manera solapada para conseguir lo que quieren sin importar el dolor que puedan causar en el proceso. Tales prácticas pueden ser consideradas malvadas; la PNL en manos equivocadas puede ser peligrosa o tener resultados desastrosos.

No todos los consejos anteriores pueden aplicarse a una situación particular que usted pueda enfrentar, por lo tanto, utilice lo que pueda funcionar mejor para usted. No debe violar los derechos de los demás o causarles daño usando la PNL.

Capítulo 12: Técnicas de la PNL en el control mental de masas (Medios, Política y Cultos)

Este capítulo describe las técnicas utilizadas por los medios de comunicación, la publicidad, los políticos y los gobiernos, y los cultos para lavar el cerebro y manipular a las masas.

Si se nos diera toda la libertad de tomar nuestras propias decisiones, ¿este mundo sería un lugar mejor? ¿Nuestra elección individual beneficia al colectivo? Dado que no somos capaces de hacerlo en colaboración, otros toman decisiones por nosotros.

La idea de "control mental" o lavado de cerebro puede provocar diferentes sentimientos dentro de usted. ¿Sería considerado una violación de su más preciado derecho divino, el libre albedrío? Puede que usted tenga un sutil desinterés por el pensamiento o que se oponga totalmente a él, sea cual sea la naturaleza de su uso. Sin embargo, como con cualquier otra herramienta, las técnicas de control mental pueden ser usadas para el bien o ser abusadas para el beneficio personal a expensas de otros. El control mental masivo implica operaciones secretas y sofisticadas que tienen una gran influencia en nuestro mundo, con los medios de comunicación tomando el centro de atención y usándolo como una herramienta para quien lo controle. Muchos de nosotros somos ingenuos cuando se trata de la naturaleza destructiva y perturbadora de los programas de control mental. Sin embargo, algunos que son conscientes de ello pueden elegir ignorarlo (tal vez este es otro tipo de control mental y no quieren hacer el esfuerzo consciente de utilizar su materia gris). Algunos están contentos de dejar que otros piensen, dando así a los que están en el poder rienda suelta para causar más miedo y divergencia de nuestro mundo. Es una tendencia bastante común de las empresas a los gobiernos y todo entremedio para manipularlo para que crea en algo en lo que NO cree. Durante mucho tiempo, las personas han estado en la oscuridad, sin saber que tal cosa existe. Pero gracias a aquellos que rompieron el código de silencio para expresar la injusticia de tales asuntos, hoy se ha logrado que abran sus ojos y sus mentes. A veces esas personas se hacen ver como rebeldes, tal es el caso de Julian Assange, editor australiano y el hombre detrás de WikiLeaks.

Debido a los cimientos ya establecidos por los poderes fácticos, pensamos de la manera que lo hacemos porque estamos programados para hacerlo, y el resto que sigue es la conclusión lógica. Algunos componentes de la PNL oscura son posiblemente lo que se necesita para que los elementos de una sociedad colaborativa estén firmemente arraigados, y una ruptura del caos y la anarquía no cause que una nación se enfrente a una destrucción irrevocable.

Aquí están algunas de las áreas donde la manipulación mental masiva tiene lugar.

Gobiernos y medios de comunicación

¿Puede un gobierno elegido democráticamente operar para manipular la voluntad del pueblo? A lo largo de la historia de nuestro mundo, hemos sido testigos del surgimiento de muchos imperios, regímenes y gobiernos poderosos y su éxito en el gobierno autoritario. ¿Los gobiernos elegidos gobiernan con democracia? El control mental y el lavado de cerebro han sido utilizados por gobiernos de todo el mundo durante mucho tiempo. Utilizan los medios de comunicación como su agente para transmitir el mensaje. La política y los medios de comunicación han formado una gran alianza en este poderoso arte de la manipulación. Apuntan a sectores de la población en diferentes áreas para abordar problemas específicos que les son afines, replanteando sus pensamientos. Tienen el poder de controlar la narrativa en los canales de noticias y los periódicos. Pueden causar y resolver problemas inexistentes, pueden distraer a la gente de los problemas que asolan el mundo, y no habrá ninguna voz que se levante y hable en contra de ellos. A menudo, los problemas se crean únicamente para crear la demanda de una solución donde el gobierno viene al rescate. ¡Manipulación en su máxima expresión!

Un buen ejemplo es una película, titulada Escándalo en la Casa Blanca (1997), una comedia que describe cómo los medios de comunicación pueden manipular la opinión pública. Lo que podemos ver en esta película es que los medios utilizan imágenes y señales (PNL) para desviar (manipular) la atención del público hacia problemas que pueden no aplicarse a ellos. Nos muestra el poder que los medios pueden ejercer sobre las masas.

Los gobiernos permiten que sustancias controladas como el licor, los antidepresivos, las drogas, la nicotina y los medicamentos recetados controlen ciertos bolsillos de personas para que no tomen represalias que puedan afectar el equilibrio sociológico.

El presidente de la Casa de la Libertad, Michael Abramowitz, declaró que el uso de críticos y pronosticadores políticos pagados para difundir la propaganda del gobierno se ha establecido y se ha convertido en una tendencia mundial.

El factor miedo es otra forma de asegurarse de que la nación no se salga de la línea. Se crea una causa para ser temido, como una enfermedad incurable o agentes terroristas, y se afirma que usted está en las calles para vigilar las actividades sin escrúpulos y a los que ayudan a los perpetradores. Los teóricos de la conspiración a menudo afirman que los eventos de "falsa bandera" son orquestados con el uso de actores de crisis.

TIBURÓN (1975) fue una de las más grandes películas realizadas; fue una película de alta recaudación hasta 1977. Se sabía muy poco sobre los tiburones durante esta época. La película creó una respuesta de pánico, miedo y terror profundamente arraigada que hizo que los playeros de todo el mundo no fueran condescendientes ni siquiera con las playas más seguras. Los medios de comunicación siguen comprometidos con el abuso de ese miedo cuando surge el tema de los tiburones.

Le da miedo sobre qué temas puede hablar en público. Usted tiene temor de ayudar a un extraño porque no puede estar seguro de sus motivos. ¿Prestarle una mano amiga lo meterá en problemas? Usted teme que sus llamadas telefónicas estén siendo monitoreadas. Constantemente debe vigilar su espalda.

Por ejemplo, Corea del Norte. Sigue siendo el país más opresivo del mundo donde el gobierno continúa implementando un control político total de su sociedad a través del miedo, y donde las actividades de su gente son monitoreadas con mano dura.

Publicidad y Marketing

El arte de la persuasión se ha convertido en un negocio muy rentable en nuestros tiempos, con la publicidad jugando el papel principal. Continuamente se le programa y se le dice qué debe comer, qué productos de belleza debe comprar, qué seguros debe contratar, qué tratamientos médicos debe seguir, cómo debe manejar los estilos de vida y dónde debe invertir. En el momento en que usted enciende su TV, usted es bombardeado con comerciales tratando de convencerlo de qué producto comprar.

El marketing se basa en los principios de la manipulación. Las tácticas utilizadas en revistas, vallas publicitarias, carteles, periódicos, folletos gratuitos, y la televisión se burlan subconscientemente porque su mente está absorbiendo toda esa información. Si usted los ve suficientes veces, sentirá una necesidad de los productos. La mayoría de los vendedores manipulan sin ética a su público objetivo, creando una sensación de apego al producto. Los vendedores no solo manipulan a los adultos, también manipulan a los niños. La mayoría de los comerciales dirigidos a productos para niños se transmiten en el canal infantil o durante las pausas comerciales de una película infantil. Como adulto, usted se inclina a complacer a sus hijos y a encontrar formas creativas de celebrar eventos como el Día de San Valentín, que ahora se ha convertido en un importante evento comercial. Los comerciantes se preparan para tales eventos semanas antes.

Los concursos de belleza, los desfiles de moda, los catálogos de ropa y las revistas de moda retratan a modelos de aspecto perfecto y a celebridades que promueven modelos con cuerpos ideales, especialmente dirigidas a adolescentes, dándoles la impresión de que la riqueza y el éxito son un subproducto de la figura delgada. De ahí los numerosos casos de anorexia y bulimia entre los adolescentes y los jóvenes adultos, que buscan la imagen perfecta a riesgo de su salud. Los comerciantes exhiben a personas que son percibidas como bellas o guapas o celebridades para vender productos y obtener beneficios exorbitantes. Creen que cualquier cosa puede ser vendida si atrae al consumidor y es considerada atractiva. La manipulación del mercado se utiliza para vender la imagen, manipulando a los que buscan esta imagen percibida.

Las artes de entretenimiento, las películas y la música son entretenimientos que disfrutan la mayoría de las personas, pero la industria y los gobiernos las utilizan como una forma de distracción que entra en la categoría de manipulación. La industria del entretenimiento está controlada por una facción de personas que emplean temas específicos que provocan pensamientos con mensajes subliminales que tiran de la cuerda de su corazón, le hacen llorar o le aterrorizan.

Las películas sobre los escenarios del día del juicio final dan a las personas una idea de la posibilidad de que algo así suceda en el futuro; aquí también, se nota el consumismo en su mejor momento cuando la gente acude en masa a comprar equipos de supervivencia.

Otra forma de control es identificar a los grupos que patrocinan o apoyan la teoría del día del juicio final y mantenerlos ocupados.

Muchos individuos poseen una bolsa de supervivencia, empacada y lista, a la espera de tal incidente. Tienen plataformas como un canal de YouTube para hablar de esto y animar a otros a seguir su ejemplo.

Invasiones militares, extraterrestres y apocalipsis zombis son algunos de los ejemplos que pueden haber presenciado. Las personas se han reunido para formar grupos que teorizan sobre estos eventos hipotéticos. Los artistas, sin duda, ganan mucha fama y dinero en esta industria por su trabajo y pueden influenciar a sus fans en temas que ellos apoyan. Por lo tanto, se utilizan como herramientas para impartir este tipo de ideas. Estas formas de entretenimiento enmascaran la verdadera naturaleza de los problemas que enfrenta el mundo.

Nicholas West, en su puesto de investigación global sobre Programación Predictiva, dijo lo siguiente: cree que la programación predictiva es real, aunque muchos aún lo niegan. Invita a cualquiera a examinar la serie de documentales preparados por Alan Watt y a llegar a cualquier otra conclusión. La programación predictiva se origina principalmente en Hollywood, donde la gran pantalla puede ofrecer una amplia visión de hacia dónde se dirige la sociedad. Se pueden examinar los libros y las películas que se creían de ciencia ficción o alucinantes y compararlos con la sociedad actual. *"Vigilant Citizen"* es un buen recurso que le hará replantearse de qué se trata el "entretenimiento".

La música es una de las muchas formas de arte poderosas. Puede crear ambientes mentales llenos de buenos y malos sentimientos. Algunas canciones lo calman y le traen felicidad. Pero las letras de algunas canciones pueden ser bastante destructivas o perturbadoras de escuchar, y se dirigen a las mentes jóvenes y susceptibles. Estas canciones son más como cantos satánicos. Un ejemplo sería el líder del culto japonés que usó cantos rítmicos para hipnotizar a sus súbditos y causar un evento terrorista en el metro de Japón, liberando gas serínico e hiriendo a cientos de personas.

Estos grupos se disfrazan para parecer atractivos o "cool". Sus temas son en su mayoría de temporada, ya que cambian de vez en cuando para adaptarse a la situación y al público, aprovechando los grandes conciertos y festivales de música que mantienen a la gente distraída de sus problemas. La música puede manipular nuestras emociones e involucrar activamente a la audiencia.

Se ha realizado una amplia investigación psicológica para hacer música destinada a controlar a los trabajadores de una fábrica o empresa, de manera que no reconozcan las exigencias que les impone su empleador en beneficio de la empresa. El tempo de la melodía puede acelerarse para aumentar la productividad, y así sucesivamente. La música de ascensor, la música de spa y la música de lobby también fue creada con un propósito similar; para mantenerle calmado y relajado.

Las bandas sonoras que se escuchan en las películas también pueden tocar sus emociones. ¿Recuerda su propia experiencia de estar sentado en el cine poco iluminado, anticipando lo que vendrá, y luego recuerda haber escuchado una banda sonora que puede haberse unido a un recuerdo que juega con sus emociones? Bueno o malo, puede que usted salga del cine sintiéndose iluminado, influenciado o afectado.

Redes sociales

Un fenómeno de la Nueva Era al que casi todos los adultos y jóvenes son adictos es el de las redes sociales. Un desbordamiento de desinformación y propaganda es difundido sin esfuerzo. Son monitoreados a través de Facebook, Instagram, Twitter y Tumbler, solo para mencionar algunos. Las redes sociales tienen un gran mercado y se han convertido en un medio bastante molesto que utiliza una fórmula personal donde la publicidad está hecha a medida para usted. Utilizan la información que usted proporciona, como sus gustos y comentarios, las páginas visitadas, las actualizaciones de estado, etc. para diseñar un enfoque perfecto porque han resumido sus preferencias con su tecnología. En este caso, una máquina consigue manipularle.

Ya sea en Google o en YouTube, las páginas y los videos sugeridos son interminables, y cuanto más usted los ve, más tienden a darle temas sugerentes que pueden manipular sus pensamientos e ideas. Puede que usted haya comenzado en un cierto punto, y en algún momento después de varios videos, no entienda lo que está pasando, y forme subconscientemente percepciones y creencias que no eran parte de su mente consciente. Hay una cierta cantidad de adicción que tiene lugar cuando no se puede controlar la necesidad de acceder a los dispositivos para mantenerse "ocupado" con la ilusión de que le ayuda a conocer lo que sucede en su red de personas. La mayoría de las veces, las noticias de las redes sociales pueden estar contaminadas y ser inexactas, pero ocasionalmente usted puede encontrar en ellas verdades que no encontrará en las redes principales. Varios campos de las redes, incluidas las plataformas sociales, pueden funcionar perfectamente para integrar un mensaje general que parecería tener un toque de verdad porque proviene de numerosas fuentes simultáneamente.

A medida que más gobiernos lo utilizan para manipular la opinión pública sobre los votos y las políticas, se convierte en una amenaza creciente para la democracia, según un nuevo informe del Instituto de Internet de Oxford.

Cultos

Un culto es un grupo de personas que se reúnen para llevar a cabo un ritual o una adoración, generalmente en torno a un único líder y sus ideologías. Algunas prácticas de culto pueden ser destructivas, como el "culto del día del juicio final" que llevó a que las muertes suicidas se cobraran más de 900 vidas en Jonestown (Guyana) en 1978. A los terroristas se les lavan los cerebros para que cometan misiones suicidas; a los psicópatas se les lavan los cerebros para que cometan asesinatos en masa.

Sin embargo, hay una diferencia notable entre un culto destructivo y un culto (o religión) no destructivo. No todos los cultos nocivos son particularmente religiosos; muchos pueden estar motivados por ganancias políticas o financieras.

En algunas culturas asiáticas, vemos prácticas religiosas que son más rituales y ceremoniales, y tal vez para algunos de nosotros, ofensivas y en el lado extremo del fanatismo. Se someten a un trauma físico para obtener un beneficio espiritual porque la doctrina de su líder no se cuestiona.

Un culto tiende a explotar la debilidad de sus miembros para obtener el control sobre ellos, a menudo utilizando prácticas psicológicas sin principios para alterar el pensamiento. Se puede decir que un culto no destructivo trata de mejorar la vida de sus miembros utilizando la guía espiritual para ayudarles con sus vulnerabilidades.

El Dr. Clark, profesor clínico adjunto de psiquiatría en la Facultad de Medicina de la Universidad de Harvard, ha tratado y estudiado en su consulta privada y con sus colegas de Boston a más de 500 miembros actuales y antiguos de culto desde 1974. Menciona que, en cierto modo, los efectos perjudiciales de las conversiones de cultos se resumen en una nueva enfermedad en una época de manipulación psicológica porque muchos grupos de cultos han establecido una técnica de conversión similar y bastante convincente para manipular las debilidades de los candidatos potenciales. Los líderes pueden influir sistemáticamente en los patrones sociales y de comportamiento. Se dirigen a un grupo específico como los estudiantes universitarios o los jóvenes problemáticos que han tenido varios tipos de rechazos, y aquí en este grupo han encontrado la aceptación de lo que son, dándoles un sentido de poder.

En conclusión, usted necesita entender cómo se hace el control mental masivo. Es una línea muy fina entre la manipulación y el lavado de cerebro; se puede tratar de evitar ser manipulado, mientras que no se puede decir lo mismo de este último. Usted sabe que los anunciantes son culpables de su uso porque es una práctica aceptada por el marketing, y lo admiten abiertamente. En otras áreas, la verdad no es tan obvia. El control mental moderno es psicológico y tecnológico.

Un esfuerzo definitivo está en curso por aquellos que realizan estudios en psicología y comportamiento humano, para catalogar y predecir los patrones de comportamiento humano que permiten a unos pocos tiranos controlar a las masas mientras se protegen de las consecuencias de una humanidad libre y plenamente consciente. Al exponer estos métodos y abrir las mentes a estas actividades de explotación, esperan tener la oportunidad de proteger el libre albedrío.

Capítulo 13: Lenguaje seductor de la PNL

En este capítulo, veremos algunos métodos de manipulación seductora que pueden aplicarse en su vida cotidiana.

Todos los humanos son criaturas sociales, y nuestras vidas dependen de las relaciones que creamos. Prosperamos en la capacidad de formar asociaciones exitosas. Está en nuestra naturaleza humana atraer al sexo opuesto. Nuestro rasgo evolutivo es que estamos en constante búsqueda de una pareja adecuada. La seducción es el arte de encantar a alguien apelando a sus sentidos, y a través de los años, hemos encontrado muchas maneras de hacerlo. Subconscientemente sabemos cómo usar señales no verbales para mostrar interés o para ver quién puede responder de la misma manera. La seducción es tan antigua como Adán y Eva. La historia nos ha dado muchos ejemplos de cómo alguien ha usado la seducción en su beneficio, por ejemplo, Cleopatra atrajo tanto a Julio César como a Marco Antonio, y Lord Byron usó su poesía para cortejar a las damas.

Actualmente, nuestros patrones de comportamiento modernos se han vuelto más sofisticados, y aunque ciertos métodos antiguos todavía se usan y producen resultados, se ha convertido en un juego al que juegan muchos. Entendiendo los patrones generales de comportamiento humano y aplicándolos se puede tener éxito en obtener los resultados deseados a través de la comunicación verbal y no verbal. Hay muchas razones por las que la seducción puede ocurrir. No solo se limita a una atracción de naturaleza sexual.

Un hombre puede querer seducir a una mujer para llevarla a la cama. La seducción también puede ser usada para encantar a alguien, para hacer que él o ella se sienta bien con ellos mismos. Una mujer puede querer seducir a un hombre rico para tener una vida financiera cómoda. Una cantante puede querer seducir a las multitudes con su encanto para vender su música. Una mujer puede seducir a su jefe para conseguir un ascenso. Un estafador puede seducir a una anciana rica y solitaria para adquirir su riqueza. La seducción está a nuestro alrededor.

Le sorprendería saber que cualquiera que intente seducir a otra persona está intentando una forma de control mental, a sabiendas o no. Ya sea comprando flores y regalos, usando perfume, unas pocas palabras coquetas, invitando a alguien a salir y mimándolo, la seducción tiene una influencia psicológica más profunda de lo que se espera, y puede ser categorizada como una forma de control mental. A menudo intentamos descubrir nuevas formas de coaccionar a alguien.

Hay muchos libros, sitios web y cursos sobre cómo seducir a una persona. Mientras que algunos de ellos consumen mucho tiempo, pueden tener sus méritos y funcionar para usted. Descubrirá aquí que el uso de la PNL para la seducción es muy diferente de lo que hacen los artistas del ligue. No hay líneas o frases para memorizar. Se basa en sus habilidades y destrezas, y en lo cómodo que se siente con su ejecución.

Técnicas de seducción

1. Lenguaje positivo

Seleccionar sus palabras cuando habla con una persona es importante. Así como una primera impresión es significativa, también lo son sus primeras palabras. Las palabras tienen un increíble poder sobre la gente si se usan apropiadamente. Usted puede hacer cumplidos o coquetear cuando sabe que la otra persona no se siente ofendida; hacer chistes amigables puede aligerar el estado de ánimo. Generalmente puede saber en qué dirección se dirigirá la conversación por la respuesta que le den.

Acercarse a una persona de interés y comenzar un diálogo casual, pero amistoso, que no indique ningún motivo ulterior es más probable que le ayude a conocer mejor a la persona. Mantenga su conversación sobre un tema neutral, asegurándose de pedirle su opinión y hacer su aportación importante en lugar de despotricar sobre sus propios pensamientos. Puede que encuentre un interés común, lo que le permitirá continuar con este tema en un momento posterior y le dará una razón para intercambiar números de teléfono si es necesario.

Tal vez le interese una chica o un chico de la universidad; no puede pedirle directamente su número de teléfono, pero podría iniciar una conversación sobre un tema relacionado con cualquiera de los programas de estudio, intercambiar algunas ideas y tal vez ofrecer un libro o pedir uno prestado. Ahora puede intercambiar números; tiene una excusa válida y puede construir una amistad. Después de eso usted sabrá si puede seguir adelante o no.

2. Reflejando

Es una habilidad valiosa poder reflejar sutilmente las acciones y movimientos de la otra persona, desde los patrones de respiración hasta el control de la voz, sin hacerlo demasiado evidente. Cuando usted y la persona con la que está interactuando se mueven en sincronía y coinciden en el lenguaje corporal del otro, está implicando que usted piensa igual. Él o ella captará este signo no verbal automáticamente, y al final del encuentro, puede sentirse cómodo para estar con usted. Típicamente, tendemos a encontrar a las personas atractivas si son más como nosotros. El reflejo puede ser seductor y puede ser inconsciente.

Copiar el lenguaje corporal se logra inclinando la cabeza, sonriendo y/o cruzando las piernas cuando ellos lo hacen; mirar en la misma dirección si algo les ha llamado la atención, cambiar el tono para que coincida con el otro y pasar la mano por el cabello son otros ejemplos.

Es importante no exagerar el espejismo y ser un imitador; cualquiera puede notarlo. Si se le ha caído una servilleta o ha roto accidentalmente un vaso, obviamente usted no puede hacer lo mismo.

3. Anclaje

El anclaje es cuando una acción, la estimulación de los sentidos, o incluso una simple palabra hablada actúa como un disparador de la emoción deseada, y existe la capacidad de volver a recordarla más tarde utilizando ese mismo anclaje. Nuestros cerebros están conectados para unir los sentimientos y recuerdos a nuestros sentidos. Es una reacción cognitiva que es inevitable, e influye mucho en nuestros sentimientos, acciones y decisiones.

El anclaje positivo puede ser divertido, ya que puede acumular la energía y la emoción de la interacción y tiene el potencial de construir resultados memorables. Es importante utilizar técnicas para establecer anclas emocionales positivas y evitar las negativas. Algunas de ellas son:

- Mantener un buen contacto visual, cuando se comparten temas de interés mutuo o sentimientos especiales, esto aumenta la energía que se comparte.

- Evitar los temas malos y continuar con los buenos, para que cuando la otra persona piense en la conversación, sea a usted a quien recuerde.

- Hacer reír a la otra persona, aportando un humor que enlaza los temas a un nivel personal.

- Tener apodos personales que estén unidos a un recuerdo feliz.

- Tocar el hombro, la mano o el codo cada vez que se dice algo para hacerlos sentir especiales.

- Dar regalos que pueden tener un valor sentimental o actuar como un recuerdo conectado a un evento.

No solo los humanos dan regalos y tratan de impresionar; también ocurre en el reino animal. Algunos ejemplos son:

1. Los delfines machos presentan un montón de hierba acuática a las hembras como parte de su comportamiento de cortejo.

2. El abadejo macho corteja a la hembra tarareando.

3. Las aves marinas mueven sus cabezas y agitan sus alas para atraer a su pareja.

Los humanos son muy parecidos. Cuando usted necesita impresionar a alguien, le gusta vestirse de lo mejor, oler bien y sonreír tímidamente; a los hombres les gusta sacar el pecho para parecer fuertes y heroicos. A las mujeres les gusta balancearse y ser más coquetas en sus acciones. Todo está en los bloques de construcción de nuestra naturaleza humana.

Algunas formas en las que puede recordar estas técnicas de anclaje:

Cuando escuche una canción específica, puede traer recuerdos que están unidos a ella, como su primer baile.

Oler un perfume en particular puede recordarle a alguien que le importaba.

Mirar los regalos puede recordarle el sentimiento de felicidad que tuvo cuando lo recibió.

Ver flores puede recordarle el momento en que lo recibió de alguien que ama, y cómo se sintió en el momento de recibirlo.

Un libro especial que compartió con alguien puede traerle recuerdos.

Si fue de compras, compartió un helado y se divirtió, tomar ese helado de nuevo puede traerle esa sensación.

Esas mismas sensaciones pueden ser recreadas con un toque en el hombro o con la cogida de manos.

Ver a las personas con las que ha perdido la conexión también es un desencadenante y encontrarse con ellas después de mucho tiempo puede abrir una compuerta de una variedad de emociones.

Lo mismo ocurre con el dolor y la tristeza. Ver fotos y recordar eventos compartidos con una persona que ha perdido puede traer sentimientos mezclados, tanto tristes como felices.

4. Comandos implantados

Esta es una frase que es una pregunta o una orden en medio de una frase. Se convierte en una sugerencia aceptable para la mente inconsciente. Sin embargo, las frases que rodean al comando en la oración disfrazarán el comando implantado para que pase desapercibido por la mente consciente de su objetivo.

(Puede referirse a técnicas detalladas de los trabajos de Derek Rake, que es famoso por el Método de la Escopeta).

El uso de la palabra "porque" tiene el efecto de autoridad impuesta, lo que fortalece el comando implantado en una mente subconsciente, ya que le da a la persona una razón de consideración.

Cuando intenta ordenar a alguien que haga algo, su autoestima luchará por resistirse a usted, porque nadie quiere ser mandado. Es mucho más efectivo dar a alguien la impresión de que no se le está instruyendo para hacer algo, sino que se le da la opción de decidir. Todo el mundo prefiere tener una opción. Puede plantar comandos sutiles en la cabeza de alguien, que le sean favorables. La sugerencia puede ser incluso negativa, como pedirle a alguien que no piense en ellos o que no se apegue demasiado a algo o a alguien, y a veces tienden a hacer exactamente eso.

5. Fraccionamiento

El fraccionamiento es un patrón oscuro de uso de la emoción para invocar tanto el placer como el dolor, y si se usa con intención maliciosa, puede causar daño. El fraccionamiento es una técnica de hipnosis común utilizada por los hipnoterapeutas para enviar rápidamente y sin esfuerzo a sus clientes a un estado de subsconsciencia y relajación. Estas técnicas pueden ser utilizadas en varios ambientes y situaciones de seducción. Sin embargo, no tienen el propósito de utilizar a las personas y jugar con sus emociones o victimizarlas. Tampoco se trata de una técnica que pueda utilizarse de manera casual, sino que es utilizada por terapeutas con experiencia en los campos de la hipnoterapia.

Fue utilizada por Derek Rake para el emparejamiento y el cortejo.

Así es como funciona el fraccionamiento:

Se comienza haciendo que la otra persona recuerde una experiencia feliz o alegre. Le pide que describa esta experiencia tan vívidamente como la recuerde, porque cuanto más fuerte sea el sentimiento, mejor será. Luego duplica el mismo proceso haciéndole recordar una experiencia infeliz o angustiosa. Repite lo mismo, haciendo que él o ella pase por una inundación emocional con usted. En este punto, usted está haciendo que la persona sienta rápidamente tanto emociones tristes como felices mientras está en presencia de él o ella y está compartiendo la experiencia de ese recuerdo. Entonces vincularán esas sensaciones de inundación con usted, y esto confundirá sus pensamientos en la sensación de que se conoce desde hace mucho tiempo, construyendo confianza en usted.

El objetivo final de seducir a alguien es ayudarlo a verse más amigable, accesible y atractivo para la persona que está tratando de impresionar. No existe una única forma que funcione para todos en todas las situaciones. Usted tendrá que estar atento a la forma en que intente estas prácticas. Además, no hay certeza de que la persona con la que usted intenta esto caiga en tales intentos. También pueden estar bien versados en estos métodos y pueden sentir lo que usted está haciendo. Por lo tanto, tenga cuidado con este asunto o de lo contrario puede estar echando a perder una gran oportunidad de formar una relación maravillosa.

Capítulo 14: Evitando el control mental de la PNL (y pensando por sí mismo)

Para llevar una vida exitosa, todos necesitamos influenciar a alguien en algún momento de nuestras vidas. Influir en alguien es una herramienta necesaria para que todos sobrevivamos con éxito de una forma u otra. ¿Pero qué tan seguro está usted de que está influenciando a alguien de una manera buena o mala? Un enfoque principal de la PNL es el significado que las personas tienen con respecto a sus pensamientos, valores y creencias. Su intención juega un papel importante; se cree que los demás pueden presentir y sentir su intención. También entenderán si tiene la intención de manipularlos de manera negativa y no van a confiar en usted o acudir a usted sin importar las increíbles habilidades que posea. Por otro lado, si sus intenciones son buenas y limpias, esto le ayudará a tener una mejor relación con la persona, y ellos van a confiar en usted.

Siete maneras de manipular

Algunas de estas técnicas que se ven a continuación no se hacen conscientemente; de hecho, algunas de estas manipulaciones son tan inconscientes que las personas ni siquiera se dan cuenta de que están manipulando a otros.

1. *Técnica de hacer luz de gas:* cuando un individuo trata de persuadirlo diciendo que sus comportamientos o límites no tienen valor. Un ejemplo de esto es cuando usted se comporta de cierta manera y su amigo le dice "estás loco", o "nadie se comportaría nunca como tú". Tales declaraciones se usan para hacer que sus límites sean inválidos. Esta técnica trata de persuadirlo haciéndole dudar de su validez, creencias y límites. Todo el mundo tiene sus límites, valores y creencias, y nadie tiene el derecho de cambiarlos porque son suyos, y solo usted sabe lo importante que son para usted.

2. *Convertirse en una criatura de arrebato:* durante una conversación normal, un individuo estalla repentinamente de ira y empieza a gritar, lo que crea un gran drama. Evitar estos dramas y renunciar a los límites es todo lo que esta técnica trata. Por ejemplo, cuando usted quiere una taza de café y su amiga le dice que el café no es bueno porque contiene cafeína. Usted comparte su punto de vista y ella hace una producción dramática, levantando la voz y diciendo que el café contiene cafeína, lo que puede causar migrañas. Para evitar un drama desordenado aquí, es probable que usted renuncie a su taza de café.

3. *Aprovechando el problema:* esto sucede apropiándose del problema. Tratan de cambiar el tema desviando su mente para que no defienda su lado del asunto. Se apropian completamente de la conversación, y lo más gracioso es que le hacen sentir que cometió un error, e incluso puede terminar disculpándose con ellos. Ahora que usted sabe esto, cuando la persona trata de distraerlo de su problema y saca otro tema, aléjese y espere la próxima oportunidad para hablar con ellos cortésmente.

4. *Darles a las personas condiciones o advertencias:* esta táctica es utilizada la mayoría de las veces para hacer que haga algo que no le interesa hacer. Si esto le sucede a usted, siempre es mejor darles una respuesta directa, especialmente un "NO" si no está interesado. Si es

capaz de responder directamente, entonces definitivamente le van a dar más opciones, y sí, esto se ha demostrado.

5. *Hacer cumplir contratos inexistentes:* esto ocurre cuando alguien hace algo para usted o por usted cuando en realidad no se lo pide. Estos individuos tienen un contrato que no fue hecho con usted, pero vienen en el futuro pidiendo un favor a cambio. Porque han hecho algo por usted, debido a la culpa, usted lo hace a cambio.

6. *Usando la identificación y la personalidad en su contra:* los humanos tendemos a recoger identidades como, "Soy una buena persona, y si voy a ser una buena persona, debería ayudar a los demás". Cuando los demás saben de esta identificación suya, le ponen en una situación en la que le resulta difícil decir que no porque siente que no ser servicial es un signo de mala persona.

Cómo defenderse del control mental de la PNL

La programación neurolingüística fue desarrollada para permitir el control de la mente de uno para protegerla de los pensamientos negativos e incluso de las enfermedades mentales. Sin embargo, el lado oscuro de esto es que algunos grupos específicos de individuos usan estas técnicas para manipular la mente de otros negativamente. Las técnicas de control mental pueden ser usadas de las maneras más constructivas, así como de las más destructivas. Aquí estamos hablando del control mental que es negativo, poco ético y destructivo.

¿Quién lo usa?

− Maridos abusivos
− Esposas abusivas
− Psicópatas
− Los hombres manipuladores
− Las mujeres manipuladoras
− Narcisistas
− Los individuos egoístas

Factores que afectan a la eficacia del control mental

− Las habilidades del influencer/influyente
− Las técnicas de manipulación que se han utilizado

- El número de técnicas que se han utilizado
- El medio ambiente
- Las habilidades de la persona a ser manipulada
- La voz

¿Cómo asegurarse de que no está siendo manipulado?

1. *Mantenga sus ojos en movimientos inestables aleatorios:* ahora, cuando alguien se queda mirándole a los ojos durante una discusión, normalmente usted se sentirá satisfecho porque piensa que están prestando atención a lo que dice. Pero los practicantes de la PNL se quedarán mirando los movimientos de sus ojos para notar cómo accede y almacena los datos.

2. *Tenga mucho cuidado con los demás que tratan de seguir el lenguaje de su cuerpo:* uno de los trucos que hacen los practicantes de la PNL es hacer exactamente los mismos movimientos que usted. Si le preocupa que alguien esté tratando de manipularlo, entonces probablemente debería hacer algunos movimientos más para ver si la otra persona lo está imitando.

3. *Esté atento al lenguaje dudoso:* una de las estrategias básicas que utilizan estos entrenadores es que utilizan una forma de lenguaje muy diferente y dudosa. Esto puede ser un signo de intento de hipnotismo.

4. *No permita que lo toquen:* todos sabemos que es algo común cuando alguien nos toca, pero debe ser consciente de ello cuando alguien que está en la PNL lo toca.

5. *Tenga en cuenta la jerga* como " ¿Puede explicarlo mejor?" y "¿Puede decirme lo que siente exactamente?"; este tipo de afirmaciones se utilizan durante el proceso de manipulación.

6. *Sospeche del lenguaje permisivo:* la mejor manera de hacer que alguien haga algo es ponerlo en trance y luego darle permiso para hacerlo.

7. *No se ponga de acuerdo inmediatamente:* si se le insta a tomar una decisión repentina, no lo haga. Tómese el tiempo que quiera

para tomar una decisión. Se aconseja tomar al menos 24 horas para tomar la decisión.

La razón es que justo después de la discusión, hay más posibilidades de que tome una decisión que les sea favorable a ellos.

8. *Preste atención:* fíjese en todo lo que le parezca vago; los entrenadores de la PNL tienen una forma de manipular diferente a la de los demás. Cualquier cosa que parezca dudosa debe ser evitada. No entre en pánico y empeore la situación, pero salga lentamente de la conversación sin permitir que lo noten.

9. *Preste atención a lo que se dice entre líneas:* "Una taza de café y dormir conmigo durante una noche de invierno va a ser increíble. ¿No sería agradable?". Obviamente, una taza de café y un sueño profundo durante la noche de invierno es definitivamente asombroso, pero ¿qué se dice entre líneas? "Una taza de café y dormir conmigo..." Preste atención a estas declaraciones antes de aceptarlas.

10. *Confíe en sus instintos:* cuando sienta que alguien está actuando raro con usted o tratando de ser diferente, entonces probablemente debería alejarse. Sea capaz de detectar cosas que parecen incómodas, diferentes y no normales.

Cómo pensar por sí mismo

Debido al rápido crecimiento del mundo y el rápido desarrollo de las tecnologías, se está volviendo extremadamente difícil para nosotros tomar decisiones en la vida debido a todas las influencias externas. Algunas decisiones que tomas pueden parecerte propias, pero en el fondo pueden tener una influencia de otro lugar. Las influencias externas pueden ser negativas, positivas, o a veces incluso neutrales, pero saber si esta influencia existe está en nuestras manos. También tenemos que pensar en la medida en que esta influencia va a impactar en nuestra vida; ¿es positiva o negativa? ¿Es adecuada para mí o no?

Ahora todas estas preguntas deben ser respondidas por usted. Antes de tomar decisiones en la vida, usted necesita ir despacio en lugar de apresurarse a tomar una decisión. Aunque las influencias son tanto positivas como negativas, también necesitamos pensar por nuestra cuenta y tomar decisiones por nuestra cuenta. Porque en algún momento de su vida, se verá en una situación que requiere que usted piense de manera óptima. Si es una persona a la que le cuesta pensar por sí mismo, entonces puede terminar convirtiéndose en una marioneta, y otros pueden tener una buena oportunidad de manipularlo. Todos tenemos que estar de acuerdo con el hecho de que todos somos puestos en culturas y sociedades donde las normas, reglas, creencias y valores ya son aceptados y concluidos. Todos estamos obligados y enseñados a confirmar lo que ya ha sido concluido. Seguirlo no es algo malo, pero aceptarlo ciegamente sin cuestionarlo puede hacer que le falte su capacidad de pensar. Todas las decisiones que tomamos y todo nuestro pensamiento en algún momento proviene de una influencia. Usted necesita ser capaz de mantener sus opiniones, examinarlas, evaluarlas críticamente, y finalmente, debe ser capaz de hablar de ellas.

Formas de pensar por su cuenta

a. *Tener un sentido activo de sí mismo.* Usted necesita conocerse a sí mismo mejor que nadie; lo que le gusta, lo que no le gusta, lo que quiere y lo que no quiere. No le permita a los demás decidir por usted.

b. *Siempre esté bien informado.* Examine y agrupe la información tanto como quiera antes de tomar decisiones.

c. *Siempre puede ajustarse.* Mire desde todas las perspectivas que pueda. No piense solo desde su punto de vista. Busque las ventajas y desventajas y sea justo al tomar sus decisiones.

d. *Analice cualquier posible sesgo.* ¿Está siendo justo? ¿Abierto? ¿Y flexible? A veces podemos tener prejuicios que pueden provocar un resultado negativo.

e. *No se aferre usted mismo a la ansiedad, al arrepentimiento, la culpa y la fuerza.* Sea fuerte y construya el valor que necesita para defender lo que cree. A veces puede tender a tomar decisiones debido a la culpa, la presión del mundo exterior y el miedo. No lo haga nunca; conozca su valor y sus derechos. Usted es capaz de tomar sus propias decisiones, y usted es capaz de estar de pie con valentía, aferrarse a lo que quiere.

Ventajas de pensar por su cuenta

- Le ayuda a construir la confianza en sí mismo y a creer en sus habilidades y capacidades
- Se obtiene un mayor sentido de logro
- Usted amplía el alcance de su mente y avanza el poder de su cerebro
- Siempre es consciente de cuando los demás intentan manipularlo
- Otros empiezan a respetarlo porque usted defiende sus derechos y lo que cree
- Usted está más abierto a las opiniones, y se vuelve más flexible

No podrá pensar por sí mismo si los medios de comunicación y otros pueden desviar su mente de sus derechos. Pensar por sí mismo no es una tarea fácil. Requiere coraje, atención y fuerza. La Programación Neurolingüística es una herramienta psicológica que incluye las técnicas que utilizan las figuras exitosas para guiar a otros individuos a aplicar estas técnicas. Este enfoque se trata de traer cambios en diferentes aspectos de la vida de un individuo, como la percepción, las habilidades para la comunicación, las habilidades para la persuasión, y muchas más. Depende de los diferentes individuos en cuanto a la forma en que utilizan esta herramienta. La PNL tiene como objetivo entrenar y producir practicantes que serán capaces de guiar a los individuos fuera de sus luchas. Esta herramienta solo se utiliza para hacer cambios positivos sorprendentes para ayudar a los individuos a llevar su mejor vida.

Conclusión

El siguiente paso es utilizar todas las herramientas y técnicas útiles de la PNL en diversas situaciones de su vida o negocio y descubrir cuán eficazmente funciona la PNL para crear un cambio positivo. También puede intentar crear sus propias metodologías o técnicas que funcionen mejor para usted.

Tenga en cuenta que estas técnicas no están científicamente probadas, pero han sido evaluadas y desarrolladas con experiencia y resultados a lo largo del tiempo.

Cada individuo es único en carácter y comportamiento, y esto es una limitación en cuanto a cuán efectivamente cada técnica de la PNL podría funcionar para ellos.

Como cualquier otra forma de terapia, la PNL tiene sus ventajas y desventajas y debe ser usada cuidadosamente con usted en control del proceso y no tener que depender de las técnicas para encontrar su camino.

Cuando usted tiene el control de las técnicas, tiene la opción de elegirlas sabiamente dependiendo de dónde, cuándo y para quién se emplean, en lugar de permitir que controlen su mente y su proceso de pensamiento. La persuasión, la negociación o la manipulación no pueden seguir pasos o procedimientos fijos específicos para asegurar su éxito. En su lugar, podría funcionar de forma diferente dependiendo de un surtido de variables como patrones de comportamiento, actitudes, circunstancias y personalidades. Por lo tanto, está totalmente en sus manos descubrir una receta para las técnicas de la PNL que funcionarán con éxito para usted.

Referencias

https://www.cleverism.com/complete-guide-neuro-linguistic-programming-nlp/

https://www.highspeedtraining.co.uk/hub/neuro-linguistic-programming-beginners-guide/

http://www.nlp.com/what-is-nlp/

https://excellenceassured.com/nlp-training/nlp-certification/reframe#targetText=NLP%20Reframe%20%26%20NLP%20Reframing,where%20the%20meaning%20is%20altered.

https://www.nlp-techniques.org/what-is-nlp/six-step-reframing/

https://www.youtube.com/watch?v=8nUeVmIfUI8

https://inlpcenter.org/nlp-anchoring/

https://www.youtube.com/watch?v=3usTlFwJm8U

https://www.youtube.com/watch?v=sePU3Dywc2c

https://excellenceassured.com/354/build-rapport-and-your-success-nlp

https://www.thecoachingroom.com.au/blog/3-powerful-nlp-techniques-to-create-rapport-fast

https://www.youtube.com/watch?v=6SRMvyyDmkc

https://www.youtube.com/watch?v=dENi7K2lX4U

https://www.youtube.com/watch?v=jXCsU3G-dQk

https://www.youtube.com/watch?v=d6O6gQppQSk

https://nlp-mentor.com/nlp-persuasion-techniques/

https://nlp-mentor.com/persuasion-tactics/
https://excellenceassured.com/1906/nlp-language-technique-for-negotiation
https://www.youtube.com/watch?v=fQkGOQPayx0
https://theplaidzebra.com/the-6-nlp-techniques-that-will-turn-you-into-an-expert-negotiator/
https://www.youtube.com/watch?v=ABaa_XH8ICU
https://www.youtube.com/watch?v=Z5-xNxs9rHk
https://www.youtube.com/watch?v=fsroFwaw5pE
https://www.youtube.com/watch?v=jpVw1B69w_c
https://www.dummies.com/health/mental-health/increase-your-positive-thinking-with-neuro-linguistic-programming/
https://www.youtube.com/watch?v=3uWygq9EWPA
https://www.nlp-secrets.com/nlp-confidence.php
https://www.globalnlptraining.com/blog/nlp-trainer-tips-4-ways-boost-confidence/
http://www.robertsanders.me.uk/3-nlp-techniques-to-reduce-anxiety-right-now/
https://www.youtube.com/watch?v=ld8RgK26oPU
https://www.youtube.com/watch?v=a_OPnmt9Clw
https://www.youtube.com/watch?v=P8P2g-CyRB0
https://erickson.edu/blog/is-nlp-manipulative-part-1
https://www.nlpworld.co.uk/matching-mirroring-nlp-manipulation-nlp-world/
https://www.youtube.com/watch?v=ULudZAi1PAU
https://www.youtube.com/watch?v=D9fA1FquJNw
https://medium.com/the-mission/who-controls-your-consciousness-the-battle-for-your-mind-is-real-d57127c8f7da
https://www.youtube.com/watch?v=j9GXXAtbWl8
https://www.psychologytoday.com/intl/blog/brain-chemistry/201803/the-art-brainwashing
http://www.turismoassociati.it/dblog/articolo.asp?articolo=3820 (see video too)

https://listverse.com/2016/04/29/top-10-brainwashing-and-mind-control-techniques/

https://www.cultwatch.com/howcultswork.html

https://derekrake.com/blog/nlp-seduction-patterns/

https://www.youtube.com/watch?v=53X8xiPVgmY

https://ultraculture.org/blog/2014/01/16/nlp-10-ways-protect-mind-control/

https://www.youtube.com/watch?v=XjGCV2XFbSk

https://www.essentiallifeskills.net/think-for-yourself.html

https://nlp-mentor.com/six-step-reframe/

https://excellenceassured.com/nlp-training/nlp-certification/reframe#targetText=NLP%20Reframe%20%26%20NLP%20Reframing,where%20the%20meaning%20is%20altered.

https://www.nlpworld.co.uk/nlp-glossary/c/content-reframe/

https://www.renewal.ca/nlp20.htm

https://nlp-now.co.uk/nlp-reframing/

https://excellenceassured.com/nlp-training/nlp-certification/pacing-and-leading

https://www.thecoachingroom.com.au/blog/3-powerful-nlp-techniques-to-create-rapport-fast

https://www.nlpworld.co.uk/nlp-glossary/r/rapport/